国家社科基金一般项目（15BJY034）研究成果
中国延安干部学院“人才强院”专项基金项目（ZYR2003）研究成果

以产城融合
助力高质量发展

西部地区新区（城）建设的路径与机制探索

何 磊 王柏杰 著

PROMOTE HIGH-QUALITY DEVELOPMENT
THROUGH INDUSTRIAL-CITY INTEGRATION

图书在版编目（CIP）数据

以产城融合助力高质量发展：西部地区新区（城）建设的路径与机制探索 / 何磊，王柏杰著. —北京：中国发展出版社，2023.3

ISBN 978-7-5177-1355-5

Ⅰ. ①以… Ⅱ. ①何… ②王… Ⅲ. ①城市化—研究—西北地区②城市化—研究—西南地区 Ⅳ. ①F299.21

中国国家版本馆CIP数据核字（2023）第020721号

书　　　名：以产城融合助力高质量发展：西部地区新区（城）建设的路径与机制探索
著作责任者：何　磊　王柏杰
责 任 编 辑：沈海霞
出 版 发 行：中国发展出版社
联 系 地 址：北京经济技术开发区荣华中路22号亦城财富中心1号楼8层（100176）
标 准 书 号：ISBN 978-7-5177-1355-5
经　销　者：各地新华书店
印　刷　者：北京市金木堂数码科技有限公司
开　　　本：710mm × 1000mm　1/16
印　　　张：12.75
字　　　数：181千字
版　　　次：2023 年 3 月第 1 版
印　　　次：2023 年 3 月第 1 次印刷
定　　　价：58.00元

联 系 电 话：（010）68990642　82097226
购 书 热 线：（010）68990682　68990686
网 络 订 购：http://zgfzcbs.tmall.com
网 购 电 话：（010）68990639　88333349
本 社 网 址：http://www.develpress.com
电 子 邮 件：841954296@qq.com

版权所有・翻印必究

本社图书若有缺页、倒页，请向发行部调换

目　录

第一章

绪　论

1.1　研究的宏观背景与重要意义

党的十八大以来，我国积极推进经济建设、政治建设、文化建设、社会建设、生态文明建设“五位一体”总体布局，并且将推进城镇化与实现产城融合上升为国家战略。但是，当前城镇化发展存在显著的不平衡，西部地区城镇化发展水平严重滞后于东部、中部地区，并且与西部地区的经济发展水平相比，也是滞后的。西部地区的城镇化发展成为我国城镇化整体推进的短板。我国东西部的过大差距，已经影响到内需和消费增长，降低了人民的幸福感，对社会治安也产生了不利影响。于是，我国提出了新一轮西部大开发，启动了丝路经济带、关中—天水、成渝和呼包兰等经济圈建设，还将西部发展纳入我国宏观战略。近些年在西部各地方兴未艾的新区建设，则成为西部地区补齐城镇化发展短板、承接产业转移、构建地区增长极和推动区域经济社会高质量发展的重要依托。特别是在金融危机爆发后，我国东部地区经济严重受挫（东部地区经济依赖于国际市场），劳动力等生产要素成本提升[①]，东部地区制造企业的发展受到影响，而西部地区的劳动力和自然资源充足，但资本、技术等生产要素匮乏，东西部地区协同发展势在必行。东部地区应积极推进产业结构升级，部分产业应向

① 安虎森，肖欢．我国区域经济理论形成与演进 [J]. 南京社会，2015（5）.

中西部转移。从另一个角度来看，东部企业到西部去寻找适合自身发展的生产区位，有利于西部新区的建设。然而，西部不少地方的发展实践却表明，这种看似“简单”的新区建设驱动的城镇化道路，走起来殊为不易，很多时候还可能陷入产业与城镇发展相分离的城镇化低水平均衡陷阱，出现缺乏产业持续支撑的“死城”“空城”；或形成缺少生活气息的“产业孤岛”，严重影响城市质量的提升发展。这些缺陷具体表现在以下五个方面。

一是规划引导上缺乏衔接。城市发展是不断探索提升的系统工程，规划对城市发展具有引领指导作用。但是，在规划引导方面，城市总体规划、控制性详细规划与园区规划是独立编制的，规划导向、规划对象和规划要求各不相同，缺乏紧密的联系，特别是在协调城市功能区、生活社区、产业园区规划等不同空间的相关规划方面衔接不足，难以形成有机联系的规划体系，某些规划在具体要求中，甚至出现冲突和矛盾。某些正处于工业化大发展进程的城市盲目发展工业，致使工业用地比例大大超过正常标准，而城镇的其他功能则滞后于其生产功能，基础配套设施、环境保护、道路建设等基本功能跟不上生产功能的发展速度，影响了城镇的正常发展；反过来，功能的滞后也造成产业发展在硬件设施上的瓶颈，在诸如居住、交通、环境、公共服务设施等方面给城镇带来众多问题。

二是产业新区过度以经济为导向。产业新区是城市经济发展的主要载体。然而，某些城市盲目规划建设产业新区，以产业资源集聚为中心，只见产业设施不见配套服务，只见厂房不见城市，而且与相邻的城市区域缺乏紧密的互动联系，致使产业新区在一定程度上只是衡量产出的“计算器”和提供税收的“皮夹子”。由于过分强调新区经济发展和产业布局，新区生活功能滞后于生产功能，城市功能滞后于生产功能，缺乏对居住、公共服务等配套设施的考虑，只注重了生产需求，忽略了生活需求，成为单一的生产型经济新区，甚至出现招商引资利益绑架新区规划的现象，新区被不同企业或产业项目的条块分割，致使其经济可持续发展的动力不足。

三是新区产业发展严重滞后。在我国城市发展过程中，某些城市在推进工业化和城镇化过程中，没有很好地协调好两者之间的关系，特别是一些地方政府在加快郊区城镇化建设中，往往注重“土地的城镇化”，而忽视“人的城镇化”，形成了所谓的“空城”。同时，资源配置的错位，造成众多主动进城的农民工与被动进城的农民只能徘徊于城乡接合部，在新区工作的务工人员基于生活成本的考虑往往限于新区周围的基本生活消费，很难与老城区的生活消费市场产生交集，新区与老城区之间的要素流动的通道基本没建立起来，造成“有城无业”“有业无城”的窘境。

四是存在新区人口导入严重不足问题。目前，大部分开发建设的新城新区面积动辄几百上千平方千米，并且大多占用自然条件较好的可利用平地，其中不少是基本农田，这不可避免地存在土地资源的浪费和低效利用等问题。对耕地和基本农田的占用，将会引发农业用地和粮食产量的减少，进而直接影响 18 亿亩耕地红线和 13 亿人口的粮食安全问题。同时，农民补偿标准较低、失地失业人口上升、上访闹事等群体性事件增加的隐患不容忽视，对社会稳定和管理带来较大压力。新城人口导入不足。很多新城新区在规划中提出要建设成为人口超过 20 万、50 万甚至 100 万以上的大中城市，但忽视了自身人口总量偏小、人口外流等基本现实。我国现已存在的“鬼城”“睡城”现象充分说明新城新区建设中存在的问题，如果缺少足够规模的人口，新城新区将会陷入人口规模小—消费规模小—配套服务少—人口增长慢的恶性循环。

五是存在新区建设特色个性严重缺失问题。一个城市应该具有自己鲜明的个性和特色，我国城市发展在历经数次革命性运动后，原有的城市风貌和特色正在丧失，更令人担忧的是正在兴起的新城新区由于存在规划、开发和建设的急功近利行为，出现了千城一面、相似雷同的现象。缺少特色和个性的新城新区，一方面不利于新城新区的功能配套完善和错位差异化发展，另一方面也很难塑造流传千古的城镇风情风貌和历史文化景观。

出现以上问题的根源正是没有恰当处理产城关系，没有恰当地在理论和政策层面对产城融合的机制和机理进行正确的理解。因此，研究城镇化演进的历史轨迹，尤其是剖析产城融合发展基本规律和影响因素，总结典型地区的发展经验，探讨西部地区新区建设中的产城融合实现机制对于加快西部地区城镇化高质量发展具有重要的理论价值和实践意义。

1.2 相关文献述评

现有产城融合机制的经济学文献，主要散见于城市经济学两个基本方向的讨论，一是产业发展与城市的集聚经济如何互动，二是产业发展与城市集聚的政府政策如何适配。前者是典型的城市经济学基础问题、城市如何形成和最优城市规模的决定问题；后者则主要关注产业发展与城市集聚中的各种“市场失灵”，以及公共政策如何影响产城集聚经济。国内有关产城融合的规划和宏观管理方面的讨论，则主要聚焦于具有实践性的产城融合内涵、指标体系以及产城融合的案例分析。

城市经济学中对产城融合互动机制的讨论，标准思路是建立一个生产模型，讨论城市集聚经济的规模经济收益来源，即如何从产业层面的竞争或垄断，过渡到城市加总层面的规模报酬递增，具体机制主要是劳动力市场的匹配优化。

Marshall（1920）[①] 首次阐述了厂商集聚的三个优势或三方面的原因，其中就包括劳动力市场集中；Heiko 等（2009）[②] 对企业间 R&D 决定和本地劳动力市场竞争间的相互作用和它们对均衡的区位选择和福利有什么影响展开调查，证明了研发和聚集与劳动力市场的汇集密切相关；Dumais 等（2002）[③] 为了研究集聚的动态效果，分别对美国制造业工厂 184 个 3 位数分类的制造行业以及 2 位数产业进行经验考察，结果显示，劳动力市场对厂商集聚的解释完全合理；Glaeser 等（2001）[④] 发现城市促进了劳动力市场更好的匹配，使城市的工资比非大都市高。共享中间产品和供应商，是指城市可以为不同产业提供成本相对较低及其需要的中间投入品，同时，城市也可以通过提供完善的公共基础设施来吸引产业的集聚。Abdel-Rahman 和 Masahisa（1990）[⑤] 提出了一种研究城市规模的垄断竞争方法，得出中间服务的种类越多，贸易商品行业的生产率就越高的结论；Rosenthal 和 William-C（2001）[⑥] 通过对每个部门的地理集中度进行回归分析，发现与其他集聚源相比，共享一个供应商基础的经验更为重要；Ellison 等（2007）[⑦] 为了测度美国制造业的多产业集聚现象，使用 1972—1998 年人口普查局的纵向研究数据库进行研究，结果表明：共享中间产品和供应商在马歇尔

① Alfred Marshall. 1920. Principles of Economics[J]. London: Mac-Millan, 1890.

② Heiko Gerlach, Ronde Thomas, Stahl Konrad. Labor pooling in R&D intensive industries[J]. Journal of Urban Economics, 2009, 65(1).

③ Guy Dumais, Glenn Ellison, Glaeser Edward-L. Geographic concentration as a dynamic process[J]. Review of economics and Statistics, 2002, 84(2).

④ Edward-L. Glaeser, Mare, David-C. . Cities and skills[J]. Journal of labor economics, 2001, 19(2).

⑤ Hesham Abdel-Rahman, Fujita Masahisa. Product variety, Marshallian externalities, and city sizes[J]. Journal of regional science, 1990, 30(2).

⑥ Stuart-S Rosenthal, Strange William-C. The determinants of agglomeration[J]. Journal of urban economics, 2001, 50(2).

⑦ Glenn Ellison, Glaeser Edward, Kerr William. VWhat Causes Industry Agglomeration? Evidence from Coagglomeration PatternsV[J]. NBER Working Paper, 2007.

的三个机制中占有了举足轻重的地位；Overman 和 Diego（2010）[①]在兼顾了劳动力集聚条件下利用英国的数据，借鉴 Rosenthal 和 William-C（2001）[②]的思路，采用更复杂的测度结果有力地支持了共享中间产品是部门聚集动力的结论。另一个重要的机制是干中学和知识溢出："Marshall（1920）[③]提出了一个概念——外部规模经济，是指在特定区域由于某种产业的集群发展所引起的该区域内生产企业的整体成本下降，产生规模经济的原因包括公司创新导致的技术外溢（technological spillover），这是一种技术外部性（technological external economies）"[④]；Krugman（1991）[⑤]的中心—边缘模型证明了工业活动倾向于空间集聚一般性趋势，其知识的溢出效应、经济活动的区域集中，可以创造出纯外部经济性；Dumais 等（2002）[⑥]认为新企业出现的数量与知识溢出呈现正相关关系，企业开始重视知识的力量，通过聘请受过高等教育的大学毕业生来增强知识溢出对本企业经济增长的作用，其研究结果说明了知识溢出效应对企业区位选择起决定性作用；Rosenthal 和 Strange（2001）[⑦]认为创新性企业相较于其他企业而言更容易形成产业集群，知识溢出效应强调空间距离，距离稍微增加，会导致知识溢出效应逐渐消失；Gertler 等（1995）[⑧]对两个不同区位的电子产业集

---

① Henry-G Overman, Puga Diego. Labor pooling as a source of agglomeration: An empirical investigation[M]//Agglomeration Economics. University of Chicago Press, 2010.

② Stuart-S Rosenthal, Strange William-C. The determinants of agglomeration[J]. Journal of urban economics, 2001, 50(2).

③ Marshall, A. Principles of Economics[J]. London. Macinillan. 1920.

④ 吴庆玲．京津冀区域国家级经济技术开发区产城融合研究[D]. 首都经济贸易大学，2016.

⑤ Paul Krugman. Increasing returns and economic geography[J]. Journal of political economy, 1991, 99(3).

⑥ Dumais, G, Ellision, G, and Glaeser, E, Geographic Concentation as a Dynamic Process[J]. Reviewof Economics and Statistic, 2002.

⑦ Rosenthal, S. S., Strange. W. C. The Determinants of Agglomeration [J]. Journal of Urban Economics, 2001, 50(2).

⑧ Meric-S Gertler, Oinas P-A-Ivi, Storper Michael, et al. Discussion of Regional advantage: culture and competition in Silicon Valley and Route 128 by AnnaLee Saxenian[J]. Economic Geography, 1995, 71(2).

群进行了比较，证明了加利福尼亚州的硅谷知识溢出效应对身处硅谷的专业化互联网公司十分重要，但是波士顿附近的128号公路沿线的企业对此则没有依赖[①]。

产业发展与城市集聚的政府政策，则关注税收、拥挤缓解、补贴、协调机制建设和公共服务适配等对各种机制优化的作用。Steven-G.Koven 和 Lyons Thomas-S.（2003）[②] 通过考察美国各类地方优惠政策，证实了政府行为如税收、公共服务改善对区域内企业集聚存在着正向影响；Martin，P. 和 Rogers，C. A.（1995）[③]、Porter，M. E.（1998）[④] 提出，资金支持和税收优惠、基础设施改善，能够推进产业集聚发展；Fujita，M. 和 Thisse，J. F.（2002）[⑤]、Ludema，R. D.（2000）[⑥]、梁琦等（2008）[⑦]、赵凯（2016）[⑧] 讨论了产业集聚中的财政政策，尤其是财政补贴对于产业集聚的正向影响；Munnell（1990）[⑨] 探讨了公共资本投入对基础设施等公共服务水平的提升作用、对产业集聚的引致效应以及对就业的刺激作用；Canfei He 等（2008）[⑩]、黄永兴等

---

① 王海博．中原城市群空间结构特征及产业协同研究 [D]. 天津师范大学，2018.

② Steven-G. Koven, Lyons Thomas-S.. Economic development: Strategies for state and local practice[M]. International City/County Management Association (ICMA), 2003.

③ Philippe Martin, Rogers Carol-Ann. Industrial location and public infrastructure[J]. Journal of international Economics, 1995.

④ Michael-E Porter, Others. Clusters and the new economics of competition[M]. Harvard Business Review Boston, 1998.

⑤ Masahisa Fujita, Thisse Jacques-Francois.Economics of Agglomeration Cities, Industrial Location, and Regional Growth.[M]Cambridge University Press, 2002.

⑥ Rodney-D Ludema, Wooton Ian. Economic geography and the fiscal effects of regional integration[J]. Journal of International Economics, 2000, 52(2).

⑦ 梁琦，吴俊．财政转移与产业集聚 [J]. 经济学（季刊），2008（4）.

⑧ 赵凯．R&D 成本内生化及政府补贴政策效应研究——基于新经济地理框架 [J]. 科学与科学技术管理，2016，37（2）.

⑨ Alicia-H Munnell. How Does Public Infrastructure Affect Regional Economic Performance?[J]. New England Economic Review, 1990, 30(Sep).

⑩ Canfei He, Wei Yehua-Dennis, Xie Xiuzhen. Globalization, institutional change, and industrial location: Economic transition and industrial concentration in China[J]. Regional studies, 2008, 42(7).

（2011）[①]、沈鸿等（2017）[②]、李世杰等（2017）[③]探讨了政府的产业政策对集聚经济的促进作用。

国内对产城融合的研究主要集中在产城融合的内涵、指标体系的构建和案例分析等方面。国内学者一般将产城融合的定义分为广义和狭义两个层面，从广义层面来讲，是指工业化与城镇化的融合；从狭义层面来讲，是指产业区与城区的融合（孙红军等，2014）。刘畅等（2012）[④]认为产城融合的关键含义包括三个方面：第一是功能复合，第二是配套完善，第三是布局融合。谢呈阳等（2016）[⑤]对产城融合中每个字的意思进行了剖析，"产"主要指以工业为主体的产业，"城"主要指供产业发展的空间载体。产城融合的最终目的主要是在既注重"以人为本"的思想为指导，又注重不断提高"人"的效用水平的基础上达到产业和城市的协同发展。吕慧芬等（2016）[⑥]从要素、状态和过程三个层面对产业和城镇融合发展的概念作了深入分析，指出产城融合是"产业""城镇""人口""环境"等多个层面和要素的融合，而且各个区域会基于要素禀赋以及发展环境的差异，呈现出差异化的产城融合形态，一般还有可能持续处于动态化的演变发展和优化提升过程中。深入发展的社会经济、广泛运用的信息技术，为新型的产城融合形态（都农融合、产村融合）提供了发展契机（石忆邵，

---

① 黄永兴，徐鹏．经济地理、新经济地理、产业政策与文化产业集聚：基于省级空间面板模型的分析 [J]. 经济经纬，2011（6）.

② 沈鸿，顾乃华．产业政策、集聚经济与异质性企业贸易方式升级 [J]. 国际贸易问题，2017（3）.

③ 李世杰，宦梅丽，韦开蕾．公共政策影响中国地区工业集聚了吗？——来自省级数据的证据 [J]. 科学决策，2017（2）.

④ 刘畅，李新阳，杭小强．城市新区产城融合发展模式与实施路径 [J]. 城市规划学刊，2012（S1）.

⑤ 谢呈阳，胡汉辉，周海波．新型城镇化背景下"产城融合"的内在机理与作用路径 [J]. 财经研究，2016，42（1）.

⑥ 吕慧芬，刘珊珊，张志丹．我国西部生态脆弱地区产城融合规划探索——以乌兰布和生态沙产业示范区总体规划为例 [J]. 现代城市研究，2016（12）.

2015）[①]。产城融合应包含人本导向、结构匹配、功能融合等（李文彬、陈浩，2012）[②]。从融合的内容来看，产城融合囊括了经济、社会、文化、功能、空间等的融合；从融合的空间形态出发，主要有主城区包含型、边缘区生长型、子城区依托型、独立区发展型等产城关系空间类型（高纲彪，2011[③]；石忆邵，2016[④]）。因此，可以说居住与就业的融合、城镇社区与产业园区的融合是产城融合的实质（林华，2011）[⑤]；产城融合是以人本为导向，使多种元素均衡协调发展，实现"生产空间集约高效、生活空间宜居适度、生态空间山清水秀"的发展目标的一种科学发展状态（李文彬等，2012[⑥]；王霞等，2013[⑦]；杜宝东，2014[⑧]）。综上所述，产城融合囊括了许多方面的内容，它是一种发展理念和思路，是一种发展过程和状况，也是一种发展模式和政策途径。[⑨]

产城融合度的定量测度与评价是产城融合发展研究的重点难点之一，从该方面出发，国内学者进行了大量研究。目前国内主要从产业发展、人口就业、生态环境、城市发展、产城人协同等五个方面建构产城融合的评价指标体系，对各个指标赋权的方法主要有层次分析法、模糊层次法、熵值法、专家打分法以及组合赋权法。何育静和夏永祥（2017）[⑩]结合江苏省的实际情况，从产业经济、人口、就业、收入与生活、土地与环境

---

① 石忆邵．都农融合城市：城乡一体化发展的新趋向 [J]. 广东社会科学，2015（6）.

② 李文彬，陈浩．产城融合内涵解析与规划建议 [J]. 城市规划学刊，2012（7）.

③ 高纲彪．"产城融合"视角下产业集聚区空间发展研究——以商水县产业集聚区为例 [D]. 郑州大学，2011.

④ 石忆邵．产城融合研究：回顾与新探 [J]. 城市规划学刊，2016（10）.

⑤ 林华．关于上海新城"产城融合"的研究——以青浦新城为例 [J]. 上海城市规划，2011(5).

⑥ 李文彬，陈浩．产城融合内涵解析与规划建议 [J]. 城市规划学刊，2012（7）.

⑦ 王霞，苏林，郭兵，等．基于因子聚类分析的高新区产城融合测度研究 [J]. 科技进步与对策，2013，30（16）.

⑧ 杜宝东．产城融合的多维解析 [J]. 规划师，2014（6）.

⑨ 石忆邵．产城融合研究：回顾与新探 [J]. 城市规划学刊，2016（9）.

⑩ 何育静，夏永祥．江苏省产城融合评价及对策研究 [J]. 现代经济探讨，2017（2）.

设施、社会发展六个方面来评价江苏省产业融合的现状。李晓翠（2015）[①]在对已有理论文献进行深入分析总结的基础上，构建了我国新型小城镇产业布局评价指标体系，包括经济支撑、社会发展、资源环境与区域协同，构建模糊综合评价计量模型，并通过协调度对综合评价结果进行修正，最后以湖北省为例进行实证研究。卫金兰等（2014）[②]在充分考虑和借鉴有关产城融合评价的各种指标体系构建原则的基础上，从产业发展和城镇建设两个视角，选取了15个二级指标作为测度新城产业和城镇融合程度的指标，并且强调在测度时采取恰当的方法对指标进行赋权。李庆等（2017）[③]在梳理产城关系研究文献的基础上，将工业化与城镇化协调发展的主要指标联系起来，构建了工业化发展水平、城镇化发展水平以及产城关系三个维度的产城融合发展水平评价指标。王霞等（2013）[④]为便于对高新区产城融合水平的等级进行分类，构建了城镇化指标、工业化指标及分离指标；在此基础上，王霞等（2014）[⑤]结合城市子系统理论，引入产城融合分离系数，随后进行了因子分析，由此建立起高新区产城融合度评价体系。王菲（2014）[⑥]提出了产业集聚区产城融合发展评价的理论模型，在组合赋权和四格象限法的基础上进行了实证研究。唐晓宏（2014）[⑦]引入灰色理论，构建了灰色关联分析的开发区产城融合度评价模型，并

---

① 李晓翠．我国新型小城镇产业布局评价体系研究 [J]. 工业技术经济，2015，34（6）.

② 卫金兰，邵俊岗．新城建设中产城融合评价指标体系构建与分析 [J]. 商业时代，2014（15）.

③ 李庆，陈湘艳．工业化、城镇化新阶段产城融合发展评价研究 [J]. 城市，2017（6）.

④ 王霞，苏林，郭兵，等．基于因子聚类分析的高新区产城融合测度研究 [J]. 科技进步与对策，2013，30（16）.

⑤ 王霞，王岩红，苏林，等．国家高新区产城融合度指标体系的构建及评价——基于因子分析及熵值法 [J]. 科学学与科学技术管理，2014，35（7）.

⑥ 王菲．基于组合赋权和四格象限法的产业集聚区产城融合发展评价研究 [J]. 生态经济，2014，30（3）.

⑦ 唐晓宏．基于灰色关联的开发区产城融合度评价研究 [J]. 上海经济研究，2014（6）.

结合问卷调查进行实证分析[①]。张开华等（2014）[②]运用主成分分析法和复合系统协调发展模型，构建了新型城镇化与产业园区发展水平评价指标体系。也有学者对湖北省12个地级市的新型城镇化和产业园区综合发展指数和系统协调度进行了分析[③]。苏林等（2013）[④]构建了高新区产城融合评价指标体系，运用模糊层次分析法对张江高新区产城融合度进行了综合评价。

在产城融合案例分析方面，林华（2011）[⑤]以上海青浦区为例，从产业调整服务于城市的功能改造视角理解产城融合。他指出，产城融合的关键是使产业结构符合城市发展的定位，同时产城融合也是居住与就业的融合。刘瑾、耿谦和王艳（2012）[⑥]以济南高新区东区为例，对产城融合发展模式及其规划应对策略进行了积极的探索。贺传皎、王旭和邹兵（2012）[⑦]探究了深圳的产业布局规划，认为深圳的产业布局实现了由"产城互促"向"产城融合"的转型，并在此基础上构建了新的产业布局体系。欧阳东、李和平等（2014）[⑧]认为产业园区产城融合的发展有四个阶段：产城分离、各自为政、边缘融合、产城融合，他们对转型期产业园区产城融合的发展提出了九大规划策略，结合中泰（崇左）产业园区产城融合的实践，

---

① 张雨朦，邓想．产城融合研究的知识图谱可视化分析[J]. 四川理工学院学报（社会科学版），2018（8）.

② 张开华，方娜．湖北省新型城镇化进程中产城融合协调度评价[J]. 中南财经政法大学学报，2014（3）.

③ 段瀚．关中县域工业集中区产城融合发展路径及规划模式研究[D]. 西安建筑科技大学博士论文，2016.

④ 苏林，郭兵，李雪．高新园区产城融合的模糊层次综合评价研究——以上海张江高新园区为例[J]. 工业技术经济，2013，32（7）.

⑤ 林华．关于上海新城"产城融合"的研究——以青浦新城为例[J]. 上海城市规划，2011(5).

⑥ 刘瑾，耿谦，王艳．产城融合型高新区发展模式及其规划策略——以济南高新区东区为例[J]. 规划师，2012，28（4）.

⑦ 贺传皎，王旭，邹兵．由"产城互促"到"产城融合"——深圳市产业布局规划的思路与方法[J]. 城市规划学刊，2012（5）.

⑧ 欧阳东，李和平，李林，等．产业园区产城融合发展路径与规划策略——以中泰（崇左）产业园为例[J]. 规划师，2014，30（6）.

对其所提出的发展路径与规划方法的合理性进行了验证说明。李文彬、顾姝和马晓明（2017）[①] 通过研究以人为本的多要素体系发展机制，并通过规划、建设、运营实现“产城人文旅”的深度融合，探析上海国际汽车城的发展。冯婷等（2016）[②] 以呼和浩特市和林格尔开发区为例，分析了其产城融合现状，从产业发展与空间优化两个层面入手，提出调整产业结构、构建职住平衡模式、增加公共服务供给、空间格局优化等可促进开发区产城融合发展，旨在为西部地区的发展提供可参考的意见。安童鹤等（2015）[③] 分析了产城融合的内涵特征，并以宁夏为例，基于现状资源的特点，从合理产业体系的确立、产业园区的布局与发展、就业人口容量的提升、城镇差异化发展以及产业扶贫等方面提出了促进产城融合发展的路径，旨在为西部地区的发展提供可参考的经验。黄桦等（2018）[④] 以资源型地区为典型案例，利用层次分析法、专家打分法构建了产城融合评价指标体系，测算并分析了开发区的产城融合度，并从宏观、中观、微观层面提出开发区产城融合的实施路径，为开发区转型升级发展提供借鉴。李硕扬等（2018）[⑤] 以南昌太平镇为例，分析了产城融合理论下特色小镇功能定位的模式，结合太平镇的实际案例，剖析太平镇的功能定位现状及问题，将产城融合理论下的特色小镇功能定位模式融入进去，并从主导产业、城镇配套、人的发展与文化传递四个方面提出意见。

---

① 李文彬，顾姝，马晓明．产业主导型地区深度产城融合的演化方向探讨——以上海国际汽车城为例 [J]. 城市规划学刊，2017（S2）.

② 冯婷，洪亮平，何笑梅．基于新型城镇化的西部地区产城融合发展探索——以和林格尔开发区为例 [J]. 中国辽宁沈阳，2016.

③ 安童鹤，孟颖．西部地区产城融合发展路径研究——以宁夏产城互促发展为例 [J]. 中国贵州贵阳，2015.

④ 黄桦，张文霞，崔亚妮．转型升级背景下开发区产城融合的评价及对策——以山西为例 [J]. 经济问题，2018（11）.

⑤ 李硕扬，刘群红．产城融合视角下特色小镇的功能定位研究——以南昌太平镇为例 [J]. 城市发展研究，2018，25（12）：168-172.

经典城市经济学理论，对产业集聚发展与城市互动实现机制，进行了详细的讨论。但是，由于发展中国家城乡劳动力市场分割、劳动力迁移等特征，专门针对发展中国家，尤其欠发达地区的产城融合实现机制的研究较为缺乏。国内现有对产城融合的讨论，主要关注内涵解析和宏观规划等问题，对其微观实现机制的讨论则不够深入。现实中出现的因缺乏产业持续支撑而形成“死城”“空城”或陷入缺少生活气息的“产业孤岛”等的困境却需要这些理论来解释和指导。本课题的研究正是基于这些理论与现实的需求所设计。可以说，本课题的研究在现实和理论两个方面都存在重要的价值。一方面和当下推行的新型城镇化这一主题相契合，尤其与西部地区新区建设中需要着重解决和避免的发展陷阱直接相关，对西部地区推进新型城镇化发展具有重要意义；另一方面，本研究也是对如何提升城镇化的品质内涵及可持续发展能力的理论研究的重要补充和拓展。

1.3 研究的基本思路与主要方法

1.3.1 研究的基本思路

本课题遵循“文献梳理与产城理论分析—产城融合量化设计—实证研究—政策执行与产城融合风险—结论与政策建议”的逻辑思路（见图1-1）。首先，在梳理国内外有关乡村与城镇、产业与城市等相关文献的基础上，构建西部地区开发区产城融合的基础理论框架。其次，在对产城融合的内涵与外延特征进行再解读、对三次产业园区发展及其理论基础进行剖析的基础上，归纳产城融合的关键影响因素，并构建西北地区开发区产城融合的指标体系。再次，运用产业与城镇融合的模式与路径理论，采用熵值法、产城融合度和计量经济方法，以西部地区主要城市为样本，测度产城融合的融合度及其关键影响因素，并以西部地区典型的开发区为分析样本，分析其产城融合的进程与难点。最后，针对西部地区开发区如何进行政策设计与规避相应的融合风险，提出西部地区开发区产城融合的发展重点及其政策含义。

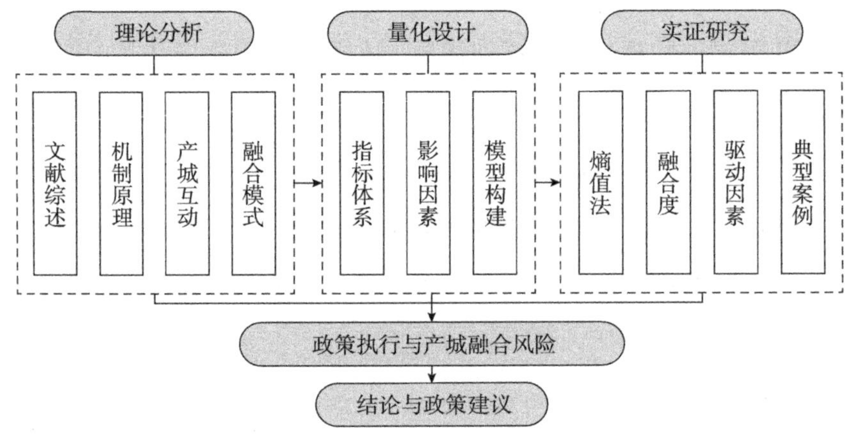

图 1–1 本课题的研究思路

1.3.2 研究的主要方法

（1）文献分析法

系统分析了产业与城镇化相关的国内外经典文献，厘清了城镇化的发展模式、影响城镇化进程的核心要素，以及不同阶段的主要指导理论，进而归纳出产城融合的内涵与外延。将城镇化发展过程分为三个阶段：“中心—外围”理论、产业集聚理论和产城融合理论，中国自 20 世纪 90 年代设立第一批开发区至今约 30 年时间，逐步经历了中心城市—卫星城市、产业集聚与产业集群，以及更加关注人本主义和生态环境的产城融合阶段。

（2）比较分析法

从城镇化历史进程中城乡关系变化的视角，对英、法、德、美等工业化国家的城镇化演进过程进行比较研究，认为这些国家的百年城镇化演进中都发生了三次“革命”和变化。依次为向“城市病”宣战、“农村转变城市”兴起、“区域网络型”城镇化模式形成。客观上展现了现代城镇化演变的规律性特征。中国特色城镇化道路，理应是一条既遵循历史发展规律，又能够很好地吸取历史教训，且具有一定前瞻性的道路。

（3）计量分析法

以西部地区主要城市为研究样本，采用熵值法估算了11个西部主要城市的产城融合度，发现产城融合总体水平较低，大致可以分为基本融合型和分离型两类。进而将产城融合细分为“人本导向、产业支撑和功能融合”三个子系统，发现西部地区开发区在起初阶段以发展产业（工业）为主，逐步关注人本导向，进而考虑生态环境和功能融合。采用面板数据模型分析影响产城融合的关键因素，发现地方政府工业化倾向、城市规模、就业密度和产业结构对产城融合有显著的正向作用，进而将样本分成融合型和分离型两个子样本并作回归分析，发现上述4个核心因素仍然发挥着显著的正向作用，但其他因素则表现出截然不同的作用。

（4）案例分析法

本课题以西安高新区、西安浐灞生态区、成都天府新区、重庆经济技术开发区、绵阳高新技术开发区为案例，系统剖析了上述5个西部地区开发区在产城融合发展过程中的成功经验与失败的教训，总结出其发展规律和影响的关键因素，并详细介绍了苏州工业园区产城融合发展经验，为西部地区产城融合发展提供经验借鉴。

1.4 研究的主要内容与技术路线

1.4.1 研究的主要内容

依据上述研究思路，本课题将具体的研究内容分为九章，具体如下。

第一章，绪论。阐述了本课题的研究背景与意义，提出了本课题的研究思路、主要内容与研究框架，并就产城融合的概念和内涵进行界定。

第二章，产城融合的理论模型与实践趋向。中国自20世纪80—90年代开始设立开发区以来，共经历了三代开发区，不同阶段衍生出不同的城镇化发展理论。在第一代高新技术开发区阶段，以Krugman和Fujita为代表的“中心—外围”理论指导着中国高新技术开发区的发展，该理论认为交通成本是开发区产业分工和发展的重要因素；随着交通运输业的发展，以产业集聚为核心的城镇化发展理论指导着中国第二代开发区的发展，某一类产业聚集在一个地理空间的现象在各地涌现，也出现了一大批以产业为基础的经济开发区；随着人们生活水平的提高，城市的发展更加关注生态环境和人本导向，产城融合理论成为中国第三代生态开发区的指导理论，各地同样出现了以绿色为主题的生态区。与此同时，中国的第一代开发区、第二代开发区在产业高度发展的基础上更加关注人本主义和生态环境，不断推进开发区高质量发展。

第三章，产城融合的发展模式和促进动能。城镇化与工业化是两个既有联系又有区别的概念。中国城镇化的典型事实是超前城镇化，城镇化超前发展事实上对实体经济产生了巨大的“挤出效应”，资本追逐高利润，大量的资本“涌向”房地产市场，造成了实体经济空心化和房地产市场的“虚拟”繁荣。所以，只有把握好中级水平的工业化和城镇化同步发展关系，处理好产城融合发展新理念对城镇化和工业化提出的新要求，协调好城镇化和工业化在新“四化”中的作用，才能在同步推进城镇化和工业化中实现产城融合发展。就当前产城融合发展的实践来看，主要有三种发展模式。第一种是“产业优先—产城互促—产城融合”模式。这种模式主要针对的是传统的产业布局规划“重产业、轻城市”，容易导致产业布局与城市发展需求不匹配，产业空间与城市空间分割、离散甚至相冲突的问题。第二种是“人本导向—功能融合—结构匹配”模式。这种模式将开发区分为成形期、成长期和成熟期。成形期的主要特点是以工业为主导、规模偏小，产业发展速度快，区域关系很松散。成长期是从工业区向综合功能区转变的阶段，开发区完成了资本初始积累，以高新技术为主导的产业结构开始带动周边产业的发展与产业结构的升级，城市面积扩大，生产性服务业和生活性服务业开始发展，各类服务设施逐渐完善，但这个时期仍以产业发展为重点。成熟期新区的发展已经由一个产业功能主导逐渐转变为产城融合，成熟期开发区的发展主要依靠体制优势和制度创新。第三种是“产城分离—各自为政—边缘融合—产城融合”模式。这种模式划分的依据是产业园区生命周期理论，将产城融合的策略与路径分为定位契合、产业聚合、功能复合、结构耦合、人文融合和设施调和等多个环节。产城融合发展中，既要充分体现市场在资源配置中的决定性作用，也要很好地发挥政府职能。推动产城融合发展的动能，主要是产业、政策、设施和功能四个方面。

第四章，产城融合的评价指标体系设计。在回顾城镇化评价指标体系现有文献的基础上，结合西部地区开发区发展特点及构建测度指标体系的原则，构建以“以人为本—产业发展—功能匹配—产城融合”为主要内容的指标体系。

第五章，产城融合的测度及影响因素剖析。本课题以西部地区主要城市为研究样本，采用熵值法估算了 11 个西部主要城市的产城融合度，发现其产城融合总体水平较低，大致可以分为基本融合型和分离型两类。同时，将产城融合度细分为“人本导向、产业支撑和功能融合”三个子系统，发现西部地区开发区在初始阶段以发展产业（工业）为主，逐步关注人本导向，进而考虑生态环境和功能融合。采用面板数据模型分析影响产城融合的关键因素，发现地方政府工业化倾向、城市规模、就业密度和产业结构对产城融合具有重要作用，进而将样本分成融合型和分离型两个子样本并作回归分析，发现上述4个核心因素发挥着显著的正向作用，但其他因素的作用则截然不同。

第六章，发达国家新区（城）产城融合的经验借鉴。首先，从城镇化历史进程中城乡关系变化视角，对英、法、德、美等发达国家百年城镇化的演进轨迹进行比较研究，发现这些国家城镇化发展历史中大多经历了三次“变革”，依次为向“城市病”宣战、“农村转变城市”兴起、“区域网络型”城镇化模式形成。“三次革命”事实上体现了城镇化演变中的三次重大进步，而正确地认识这种客观规律和演变中的进步性，是正确把握中国城镇化道路所必需的。“中国特色新型城镇化道路”，理应是一条既遵循历史发展规律，又能够很好吸取历史教训，且具有一定前瞻性的道路。其次，点明西方发达国家大都市区域内的新城建设大多呈现出共同的发展趋势：从单纯的卧城，到提供就业机会的半独立卫星城市，到居住就业相对平衡、功能相对独立完善的节点新城，再到综合考虑区域整体发展的创新型新城。最后，总结发达国家新区（城）建设的主要经验。

第七章，国内先进地区新区（城）产城融合的典型案例。遴选我国东部发达地区新区（城）产城融合成功范例苏中工业园区和西安高新技术开发区、西安浐灞生态区、成都天府新区、重庆高新技术开发区和两江新区等一些西部地区具有代表性的新区，通过梳理它们在不同城镇化理论指导下产城融合的发展水平及特征，分析其产城融合水平及实践中的经验和教训，可以发现注重顶层设计、人力资本培育、协调产城关系、深化体制机制改革和营造良好的营商环境等措施是各个开发区能够成功的共同经验。

第八章，西部地区新区（城）产城融合的逻辑与政策选择。经过前面几章的分析和总结，发现西部地区新区（城）产城融合的理论逻辑可以归纳为五个层面。第一，产城融合的本质是实现产业与城市的融合发展，而人是城市中最重要的因素，因此，产城融合的内涵主要包括产业支撑、人本导向与功能融合三项核心内容。第二，西部地区主要城市的产城融合水平总体不高，重庆、成都、呼和浩特、西安和贵阳属于基本融合型，其他城市则属于分离型。第三，通过计量模型回归分析可知，影响西部地区产城融合的关键因素有四个，即地方政府工业化偏好、城市规模、就业机会与产业结构，通过进一步分样本回归分析发现，无论是融合型城市还是分离型，四个关键因素都起到显著的正向作用。第四，从已有的产城融合模式出发，结合西部地区城市的特点，可以归纳出西部地区产城融合的三条可行的发展路径：先产后城、先城后产和产城互动。第五，西部地区产城融合发展过程中同样存在着相应的风险：产业转型缓慢和产业空心化是产业支撑方面的风险；人才导向贯彻不好会导致人才流失；城市间的竞争，包括同一城市内不同开发区的重复建设、恶性竞争等趋同式发展会导致城市盲目扩张，导致产业支撑不足。实践逻辑可以归纳为“实现理念—展开维度—关键因素—融合路径—政策风险规避”。一是实现理念，人本主义与城市发展的高度融合。二是展开维度，人本主义、产业发展与功能融合三位体系。三是关键因素，地方政府的城镇化路径偏好、产业结构、就业密度和城市规模。依据西部地区主要城市与新区的产城融合发展生命周期理论框架，将产城融合分为高度分离型、轻度分离型、基本耦合型、中度耦合型和高度耦合型，每个类型有不同的促进因素，据此采取相应的对策。四是融合路径。基本耦合型城市，比如重庆市，宜采取“产城互助”发展路径；轻度分离型城市，比如成都、西安、呼和浩特、贵阳等城市，宜采取“产业优先—先产后城—产城融合”发展路径；高度分离型城市，比如昆明、南宁、兰州、乌鲁木齐、西宁和银川等，宜采取“边缘融合—功能融合—产城融合”的发展路径。五是政策风险规避。在西部地区主要城市和新区建设过程中，要注意产业转型缓慢、过度城市化、人才流失和产业空心化等政策风险。应对政策风险的建议主要有：树立产城融合发展理念、打造优良营商环境；合理规划、统一协调与科学开发；构建人本导向的人才体系，打造“五宜”城市；合理确定城市边界，不以城市规模论“英雄”；推进产业结构升级，发展新经济和现代服务业；注重绿色发展，实现环境与产业的协调。

第九章，结论与展望。

本课题研究的技术路线见图 1–2。

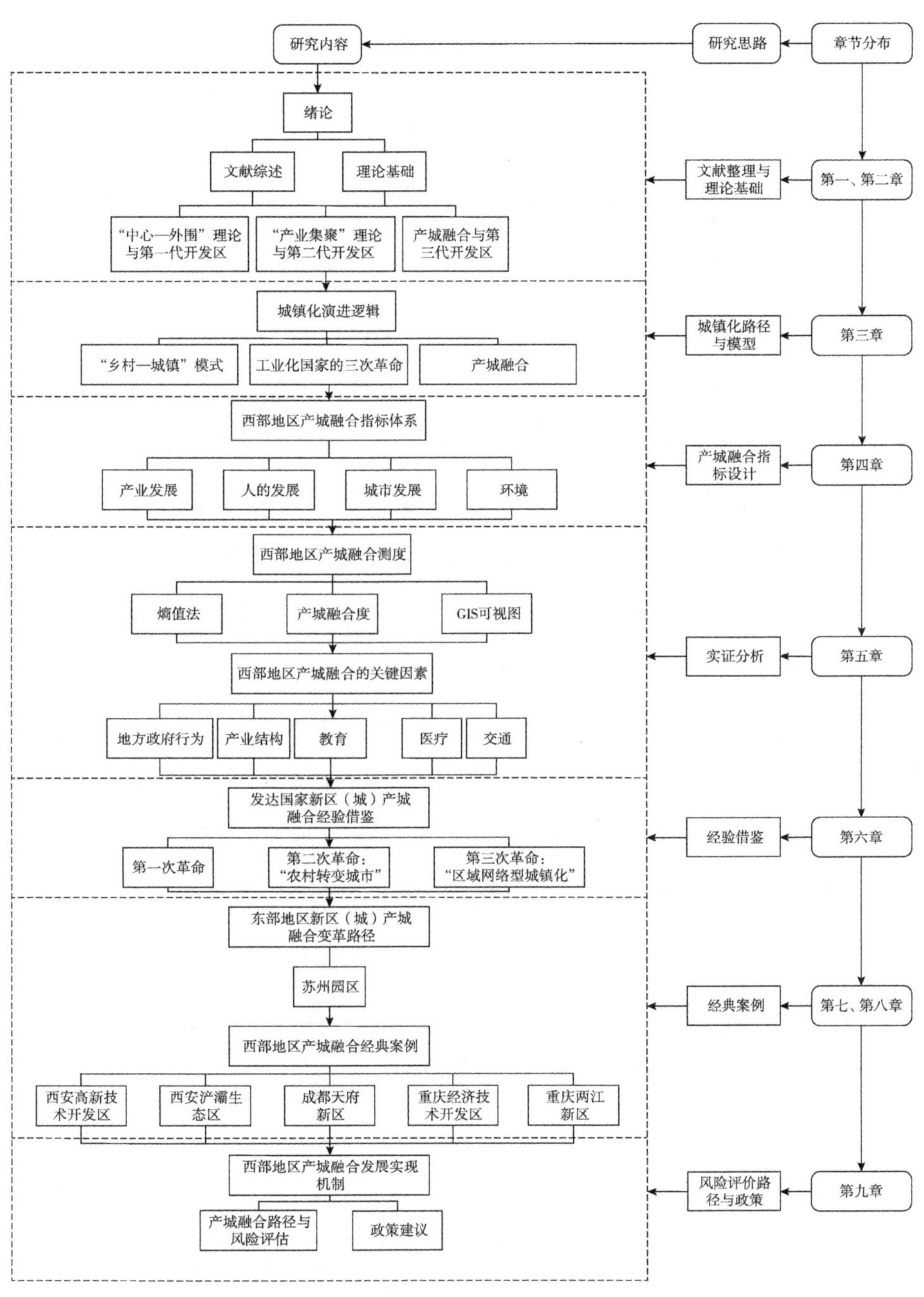

图 1-2 本课题研究的技术路线

1.5 产城融合的概念与内涵

“产城融合”的理念虽已提出多年，但就现有文献来看，对这一问题的研究仍不够深入，通常倾向于对现象的描述，缺乏对产城融合不同阶段政策着力点的探讨，并且研究的视角和目标也不尽相同。① 相关研究的主要观点有：（1）产城融合应是居住与就业的融合，核心是使产业结构符合城市发展的定位，这显然是力图通过产业调整服务于城市的功能改造（林华，2011）②；（2）产城融合主要应服务于集居住区、工业区和商贸区于一体的相对独立的新城建设，这就将目标定位于以产业区建设促进新城发展（陈云，2011）③；（3）产城融合的关键是要把产业园区精心打造成城镇社区，以体现通过城市功能建设促进产业区发展的要求（张道刚，2011）④。

本课题认为“产城融合”的提出，主要还是由于城镇化进程中产业发展与城市建设的分离造成了城市化的低效率和产业区不能持续发展的窘境。因此，在新城建设、工业园区建设、城镇化进程中必须树立产城共生共荣的理念。毕竟，产业是城市发展的基础，城市是产业发展的载体，城镇化与非农产业发展存在着内在的紧密联系。没有非农产业支撑的城市只能是“空城”，而没有城市作为依托，再高端的产业也只能“空转”⑤。在“产城融合”中，要形成产业结构转型升级与城市功能优化提升之间的互促关系，既要以产业发展为城市功能优化提升提供经济支撑，更要以城市发展为产业转型升级创造优越的要素和市场环境，两者共同服务于人类的进步。

---

① 何磊，陈春良．苏州工业园区产城融合发展的历程、经验及启示 [J]. 税务与经济，2015(2).

② 林华．关于上海新城“产城融合”的研究——以青浦新城为例 [J]. 上海城市规划，2011(5).

③ 陈云．“产城融合”如何拯救大上海 [J]. 决策，2011.

④ 张道刚．产城融合新理念 [J]. 决策，2011.

⑤ 何磊，陈春良．苏州工业园区产城融合发展的历程、经验及启示 [J]. 税务与经济，2015(2).

第二章

产城融合的理论模型与实践趋向

自从城市经济学理论和区域经济学理论于20世纪80年代引进中国以来，伴随着中国改革开放的实践，城市与区域经济理论与中国开发区发展实践相结合，在中国日益发展壮大，并且衍生出有中国特色的“产城融合”理论和一批特色鲜明的国家级新区。本章通过系统梳理国内外城市与区域经济学及开发区的发展理论，将西部地区开发区发展历程分为三个阶段，并以此分析西部地区新区建设的发展理念与实践。

2.1 “中心—外围”理论与西部地区第一代开发区

2.1.1 “中心—外围”理论

20世纪90年代，Paul Krugman和Masahisa Fujita结合D–S一般均衡模型，将城市体系的空间分析纳入主流的经济分析框架，拓展了新经济地理学的解释范围，在其分析中基于运输成本、经济规模以及制造业占国民收入的比例三个方面重新推导了“中心—外围”理论，并且通过建立一个简单的模型揭示了一个国家如何内生地分化为工业的“核心区”和农业的“边缘区”的过程。[①]

该模型主要涉及两个部门——工业部门和农业部门；主要涉及两个经

① Krugman P. R.. History and Industry Location: The Case of the Manufacturing Belt[J]. American Economic Review, 1991, 81(2).

济要素——一般劳动力和熟练劳动力，并将对现实经济的分析简化为对两部门的分析。该模型的基本假设是：商品能够通过贸易在两区域之间自由流动，农业产出的流动没有运输成本，工业部门的产出流动存在"冰山成本"；农产品是同质的产品，制造品是差异化的产品；农产品是规模报酬不变与完全竞争的；每种制造品都是规模经济的，且具有垄断竞争的特点，并在任何地方都可以选择生产区位。Paul Krugman 认为在离心力和集聚力的共同作用下形成了市场均衡：当运输成本较低时，制造业部门成为"中心"，农业部门成为"外围"；运输成本很高时，经济活动对称分布；运输成本居中时，既可能对称分布也可能形成"中心—外围"结构。"中心—外围"的经济思想是：在规模报酬与流动成本之间会形成均衡现象。经济规模越大，自我持续的制造业集中就越明显，运输成本就会越低，制造业在经济中的占比就越大，从而更容易集聚。

Krugman 和 Fujita 认为这个过程中受到"离心力"与"向心力"的作用，Elizondon 等[①]同样基于两者的对立关系分析了"中心—外围"模式的形成机制。Tabuchi（1998）[②]较为详细地解释了离心力与向心力的含义，并认为向心力源于外部经济、规模经济、知识外溢，能够促进人口和生产集聚的形成；而离心力源于外部不经济，主要涉及运输成本、拥挤效应和污染效应，会促使企业搬离中心地区。Fujita 与 Mori（1999）[③]从"市场潜力"的角度分析了"中心—外围"理论形成的机理，他们认为离中心城市距离较近的市场潜力较大，但是市场竞争程度会导致经济活动呈现离散的趋势，距

① Elizondon, R. L., Krugman P.. Trade Policy and the Third World Metropolis[J]. Nber Working Papers, 1992, 49(1).

② Tabuchi, T.. Urban Agglomeration and Dispersion: A Synthesis of Alonso and Krugman[J]. Journal of Urban Economics, 1998(3).

③ Fujita, M., Krugman P., Mori T.. On the evolution of hierarchical urban systems 1 The first version of the paper was presented at the 41st North American Meetings of Regional Science International, Niagara Falls, Ontario, Canada, 17–20 November, 1994. 1[J]. European Economic Review, 1999(2): 209–251.

离中心城市越远的地区市场潜力越小。同时，随着运输成本的上升，距离中心城市较远的厂商难以和中心厂商的产品竞争，只能提供一些基础的产品和服务以降低市场竞争程度。[①] 随着研究的深入，学者们打破了运输成本与集聚程度之间的单调关系。例如，Venables（1988）[②] 重新修订了假设，认为劳动力是黏性的，同时加入了中间产品，他认为靠近中间产品的供应商也可能存在规模经济（Fujita，1988）[③] 中心地区虽然具有市场潜力大的特点，但是由于竞争程度也比较大，经济活动存在向外扩散的现象（Combes，2000）[④]，那些距离中心地区较远的厂商由于运输成本过高，在市场竞争中处于劣势地位，即"拥挤效应"（Brakman，1995）[⑤]，倾向于向拥挤程度较低的外围迁移且只能提供基础的产品和服务以降低竞争。另外，外围厂商的服务范围较小，而中心地区服务范围更大（Krugman，1996），从而使城市体系呈现出"中心—外围"的层级模式（Fujita and Thisse，2013）[⑥]。事实上，在 1995 年，Krugman 就已经提出了类似的观点，他认为运输成本与集聚程度呈现一种"倒钟形"的关系，如果劳动力不流动，该地区的集聚就会造成人力成本的上升，随着集聚程度提高，一些企业由于无法承担人力成本而向外迁移。李君华等（2001）的模型也支持了两者的"倒钟形"关系。[⑦] 为了解决人力资本的迁移性问题，Fujita 和 Thisse（2003）[⑧] 联合

---

① 薛婷婷．省城偏向的中部地区增长极战略的绩效评价研究 [D]. 安庆师范大学，2019.

② Venables, A. J.. Equilibrium Locations of Vertically Linked Industries[J]. International Economic Review. 1988.

③ Fujita, M.. A monopolistic competition model of spatial agglomeration: Differentiated product approach[J]. Regional Science and Urban Economics, 1988.

④ Combes, P.. Economic Structure and Local Growth: France, 1984 - 1993[J]. Journal of Urban Economics, 2000, 47(3).

⑤ Brakman S., Charles van Marrewijk C.. Transfers, returns to scale, tied aid and monopolistic competition[J]. Journal of Development Economics, 1995(2).

⑥ Fujita M., Thisse J. F.. Economics of Agglomeration[J]. Cepr Discussion Papers, 2013, 10(4).

⑦ 李君华等．产业布局与集聚理论述评 [D]. 经济评论，2017（2）.

⑧ Fujita M., Thisse J. F.. Does Geographical Agglomeration Foster Economic Growth? And Who Gains and Losses from It? [J]. Japanese Economic Review, 2003(2).

Grossmanhelpman–Romer 内生增长型模型，通过引入研发部门为工业部门创造的新种类的产品，把“中心—外围”模型进行了动态化的扩展。

下面，本课题主要分析两区域模型，并从运输成本、规模经济及制造业占比三个方面来阐述中心地区如何通过自我强化的循环累积实现集聚并成为相对发达的地区，而外围地区却演变成相对落后的地区。[①]

（1）两区域模型

假定在这个模型中有两种类型的生产活动：一种是对土地的依赖程度较大同时规模收益不变的农业部门；另一种是规模收益递增的制造业部门，生产区位可以选择任何地方。

假定该区域中所有个人都符合如下效用函数：

$$U=CM^{\mu}CA^{1-\mu} \tag{2.1}$$

其中 CM 是制造业产品的总消费量，CA 是农产品的消费量，μ 为制造业产品的消费在总消费支出中所占比例，该比例是决定地区间是收敛还是分散的关键参数之一。

制造业产品的总消费定义为：

$$CM=[N^{\sigma-1}/\sigma]^{\sigma/\sigma-1} \tag{2.2}$$

其中 N 代表潜在产品种类的数量，σ 代表这些产品之间的替代弹性。弹性值 σ 是决定该模型均衡特征的第二个参数。

该经济区域中有两个区域，每个区域里有两种生产要素。遵循保罗·克鲁格曼（Paul Krugman）提出的简化模型，假设每种生产要素对某一部门而言都是特定的。农民生产农产品，为不失一般性，我们假设单位劳动需求是 1。农业人口在两个区域中都是固定的，且数量均为 $(1-\mu)/2$。用 L_1 和 L_2 来分别表示地区 1 和地区 2 的工人数量，两地区的工人可以自

① 盛斌等．多样性偏好、规模经济和运输成本：保罗·克鲁格曼的世界——新贸易理论与新经济地理学评述 [J]. 经济科学，2009（6）.

由流动，但总量是一定的，等于 μ。

$$L_1+L_2=\mu \quad (2.3)$$

制造业产品 i 的生产成本包括固定成本和可变成本，且存在规模经济。

$$LM_i=\alpha+\beta X_i \quad (2.4)$$

LM_i 是生产商品 i 所需要的劳动量，X_i 是该产品最终的产出量。

接着讨论的是运输成本的结构问题，我们设定了两个强假设。（1）假定农产品的运输是无成本的。（2）假设制造业产品的运输遵循萨缪尔森的“冰山贸易”方式。把一定数量的货物从某一个区域运到另一个区域时，实际运到目的地的只有 $\tau<1$ 的部分。τ 是运输成本的逆指数，也是决定区域间是收敛还是分散的参数之一。

现在我们转向对厂商行为的讨论。假定有众多的制造业厂家，每个厂家只生产一种产品。在地区 1 中，厂商为了追求利润最大化，会把价格定在以下水平：

$$P_1=(\sigma-1)\beta W_1 \quad (2.5)$$

W_1 代表地区 1 中工人的工资率。地区 2 中工人的工资采用相同的定价方式。比较两个地区代表性商品的价格，得到下式（2.6）：

$$P_1P_2=W_1W_1 \quad (2.6)$$

厂商若能自由进出任何一个区域，那均衡时各个厂商的利润都等于 0，（2.7）式将会成立：

$$P\text{-}\beta W_1X_1=\partial W_1 \quad (2.7)$$

即：

$$X_1=X_2=\partial(\sigma\text{-}1)\beta \quad (2.8)$$

当不考虑工资率和相对需求的时候，每个区域的产出都是一样的。每个区域生产的制造业产品种类数和每个区域的工人数量是正比关系。

$$n_1/n_2=L_1/L_2 \quad (2.9)$$

值得注意的是，在零利润的均衡中，$\sigma/1-\sigma$ 衡量的是规模经济的程度，即劳动的边际产出与平均产出的比值。

（2）短期均衡与长期均衡

在讨论完全均衡之前先讨论短期均衡。我们用马歇尔的方法来定义短期均衡。短期均衡的前提是工人在两区域之间的分布已知，并且会迁移到具有更高工资的地区。如果工人的迁移使两地的工人 / 农民之比趋向一致，则会导致地区的收敛。

首先，我们从产品的需求开始讨论。式（2.10）中 C_{11}、C_{12} 分别表示地区 1 对地区 1、地区 2 生产的代表性商品的消费。本地区的产品没有运输成本，所以价格为 P_1；而另一个地区在本地区销售的产品包含运输成本，故其价格为 P_2/τ。

地区 1 对两种代表性产品的相对需求是：

$$\frac{C_{11}}{C_{12}}=\left(\frac{P_1\tau}{P_2}\right)^{-\sigma}=\left(\frac{W_1\tau}{W_2}\right)^{-\sigma} \tag{2.10}$$

式（2.11）中 Z_{11} 表示地区 1 支付在本地与其他区域生产的制造业产品上的费用的比值。关于 Z 有两点注意：一是提高地区 1 生产的产品的相对价格 1 个百分点，同时减少 σ 个百分点的相对销售数量，那么更具估价效应，价值只减少 $\sigma-1$ 个百分点；二是在任何给定的相对价格下，如果地区 1 生产的产品越多，那么地区 1 对这些产品的消费支出份额也就越大。

$$Z_{11}=\left(\frac{n_1}{n_2}\right)\left(\frac{P_1\tau}{P_2}\right)\left(\frac{C_{11}}{C_{12}}\right)=\left(\frac{L_1}{L_2}\right)\left(\frac{W_1\tau}{W_2}\right)^{-(\sigma-1)} \tag{2.11}$$

与此类似，地区 2 对地区 1 生产的产品消费与对本地产品的消费的支付比例为：

$$Z_{12}=\left(\frac{L_1}{L_2}\right)\left(\frac{W_1\tau}{W_2}\right)^{-(\sigma-1)} \tag{2.12}$$

地区 1 的工人的总收入等于其对在地区 1 与地区 2 销售产品的总和（包

括运输成本）。设 Y_1 和 Y_2 分别表示两个区域包括农民的工资收入，那么地区 1 的工人的收入就是：

$$W_1L_1=\mu\left[\left(\frac{Z_{11}}{Z_{11}+1}\right)Y_1+\left(\frac{Z_{12}}{Z_{12}+1}\right)Y_2\right] \tag{2.13}$$

同样地，地区 2 中工人的收入是：

$$W_2L_2=\mu\left[\left(\frac{1}{Z_{11}+1}\right)Y_1+\left(\frac{1}{Z_{12}+1}\right)Y_2\right] \tag{2.14}$$

这样，两个区域的收入水平就取决于工人的分布和他们的工资水平。式（2.15）和（2.16）是以农民的工资率作为计量单位的。

$$Y_1=\frac{1-\mu}{2}+W_1L_1 \tag{2.15}$$

$$Y_2=\frac{1-\mu}{2}+W_2L_2 \tag{2.16}$$

方程组（2.11）~（2.16）可以看成在给定两个区域劳动力分布情况下，确定 W_1 和 W_2（同时也可以确定其他四个变量的方程组）。若 $L_1=L_2$，则 $W_1=W_2$；若劳动力向地区 1 转移，相对工资率 W_1/W_2 可以向任何方向变化，因为存在两个方向正好相反的作用力。一种是区内市场效应，另一种是竞争程度。

当我们从短期均衡转向长期均衡时，还需要考虑另一些问题。工人关心的不是名义工资而是实际工资，而且人口较多的地区的工人所面对的制造业产品价格更低。我们令 $f=L_1/\mu$，表示在地区 1 从事工业生产的劳动力份额，居住在地区 1 的消费者所面对的制造业产品的实际价格指数是：

$$P_1=\left[fW_1^{-(\sigma-1)}+(1-f)\left(\frac{W_2}{\tau}\right)^{-(\sigma-1)}\right]^{-1/(\sigma-1)} \tag{2.17}$$

同样地，地区 2 的居民的实际价格指数是：

$$P_2=\left[f\left(\frac{W_1}{\tau}\right)^{-(\sigma-1)}+(1-f)W_2^{-(\sigma-1)}\right]^{-1/(\sigma-1)} \tag{2.18}$$

两个地区工人的实际工资是：

$$\omega_1 = W_1 P_1^{-\mu} \tag{2.19}$$

$$\omega_2 = W_2 P_2^{-\mu} \tag{2.20}$$

式（2.17）和（2.18）的结果表明，当两个地区的工资率相等，若地区 2 的工人向地区 1 迁移，地区 1 的价格指数会降低，地区 2 的价格指数会提高，这样的话，地区 1 的实际工资率就比地区 2 的实际工资率高，因此造成了区域间的差异。[①]

（3）制造业集聚的必要条件

在（2）中，我们讨论了工人均匀分布在两地时是否稳定的问题，我们将在这一部分进一步探讨当所有工人都集中在同一个地区是否也稳定的问题。

首先，考虑下面这种情况，当所有的工人都集中在地区 1 的时候，地区 1 的市场规模可能比地区 2 大；假定消费在制造业产品上的收入比例是 μ，但这些收入部分全部转移到地区 1，我们就会得到式（2.21）：

$$\frac{Y_2}{Y_1} = \frac{1-\mu}{1+\mu} \tag{2.21}$$

用 n 代表生产制造业产品的厂家数目，那么每个厂商的销售额等于：

$$V_1 = \left(\frac{\mu}{n}\right)(Y_1 + Y_2) \tag{2.22}$$

均衡时，每个厂商得到的利润将会为 0。如果某单一厂商在地区 2 进行生产（逃逸厂商）没有获利时，生产活动集中在地区 1 就是均衡的；但是若其获利了，就代表没有达到均衡的状态。厂商要想在地区 2 生产，就必须对工人进行补偿，将工人吸引到地区 2 工作，由此可以得出：

$$\frac{W_2}{W_1} = \left(\frac{1}{\tau}\right)^{\mu} \tag{2.23}$$

① 保罗・克鲁格曼．收益递增与经济地理 [J]. 延边大学学报（社会科学版），2006（1）．

在这种高工资情况下，厂商基于利润最大化而制定的价格要比其他相同规模的厂商制定的价格高。那么逃逸厂商的总销售额等于：

$$V_2=\left(\frac{\mu}{n}\right)\left[\left(\frac{W_2}{W_1\tau}\right)^{-(\sigma-1)}Y_1+\left(\frac{W_2\tau}{W_1}\right)^{-(\sigma-1)}Y_2\right] \tag{2.24}$$

因为运输成本的存在，逃逸厂商把产品出售给地区 2 的消费者对它来说更有利。

对（2.22）~（2.24）处理后，我们可以得到逃逸厂商和其他厂商在地区 1 出售产品所获得的销售额之比：

$$\frac{V_2}{V_1}=\frac{1}{2^{\tau\mu(\sigma-1)}}[(1+\mu)\tau^{\sigma-1}+(1-\mu)\tau^{-(\sigma-1)}] \tag{2.25}$$

在这里我们定义一个新的变量 V，如式（2.26）所示。当 $V<1$ 时，若其他厂商都集中在地区 1，则逃逸厂商到地区 2 生产就无利可图，那么该情况就是均衡的。如果 $V>1$，集中在一个地区是不均衡的。

$$V=\frac{1}{2^{\tau\mu\sigma}}[(1+\mu)\tau^{\sigma-1}+(1-\mu b)\tau^{-(\sigma-1)}] \tag{2.26}$$

式（2.26）定义了一个边界，即一组参数给出了集中和分散的临界值。这样，我们只在 V=1 处讨论即可。

首先看下面的等式：

$$\frac{\partial V}{\partial\mu}=V\sigma(ln\tau)+\frac{1}{2^{\tau\mu(\sigma-1)}}[\tau^{\sigma-1}-\tau^{-(\sigma-1)}]<0 \tag{2.27}$$

这表明，如果在制造业产品上的收入份额越大的话，逃逸厂商的相对销售额就会越小。这主要有以下两个原因：第一是因为对工人支付更多的工资补贴才能吸引他们迁移到地区 2，式（2.27）反映了这种“前向联系”效应；第二是因为支付在制造业产品上的收入份额越大，则地区 1 的相对市场规模也越大，式（2.27）反映了这种“后向联系”。

接着我们转向对运输成本的讨论。通过式（2.26）可以发现，当 τ=1 时，V=1，也就是说当运输成本等于 0 时，厂商的生产和区位无关。当 τ 很小时，V 接近于 $(1-\mu)\tau_1-\sigma(1-\mu)$，当 σ 值很小或 μ 很大时，V 值就一定大于 1。最后计算：

$$\frac{\partial V}{\partial \tau}=\frac{\mu\sigma V}{\tau}+\frac{\tau^{\mu\sigma}(\sigma-1)[(1+\mu)\tau^{\sigma-1}+(1-\mu)\tau^{-(\sigma-1)}]}{2\tau} \tag{2.28}$$

当 τ 接近 1 时，式（2.28）的第二项将大于 0。由于式（2.28）第一项总是正的，所以当 τ 接近 1 时，$\partial V/\partial \tau > 0$。综合考虑：当 τ 比较小时（也就是运输成本高时），逃逸是有利的。当 τ 取一些临界值时，V 值下降到 1 以下，这时制造业的集中是均衡的，然后相对销售额又开始上升并接近 1。

最后我们讨论 $\sigma(1-\mu) < 1$ 的情况。对任意小的 τ 值，都有 $V < 1$。这时，规模经济效应很大（σ 很小）或支出在制造业产品上的份额很大（μ 值很大），因此不管运输成本多高，在地区 2 建立工厂都是不利的。较高的替代弹性即代表均衡时的规模经济程度很小并阻止了区域间分异。

$$\frac{\partial V}{\partial \sigma}=\ln(\tau)\{\mu V+\frac{1}{2^{\tau\mu\sigma}}[(1+\mu)\tau^{\sigma-1}+(1-\mu b)\tau^{-(\sigma-1)}]\}=\ln(\tau)(\frac{\tau}{\sigma})\frac{\partial V}{\partial \tau} \tag{2.29}$$

由此可见，低的运输成本、高制造业比例和较大的规模有利于区域集聚的形成。

2.1.2 “中心—外围”理论的扩展

“中心—外围”理论分析了集聚因素对产业空间集聚的影响，即便克鲁格曼并没有否定区位因素对产业空间转型的作用机制，但在理论分析中并没有涉及区位因素的作用机制。

“中心—外围”理论模型对经济学产生了巨大的影响，并且被视为不完全竞争和收益递增革命的第四次浪潮（梁琦，2005），针对“中心—外围”模型也做了一些适当的修正、补充与验证。[①] 何雄浪和李国平（2007）放

① 梁琦．空间经济学：过去、现在与未来——兼评《空间经济学：城市、区域与国际贸易》[J]．经济学（季刊），2005（3）．

宽了 Krugman 的假设条件，认为各区域的初始条件往往并不相同，地区存在差距是一种常态并且要素流动常常存在成本，而不是完全自由流动，农产品的运输也存在成本，并在符合现实的假设条件下，演绎出一个理论模型。[①] 何熊浪（2007）认为贸易成本不仅包括产品运输成本，还包括要素流动成本，同时引入了前向后向的联系，并将“中心—外围”模式拓展为可解的形式。[②] 许政等（2010）在中国城市经济增长中验证了“中心—外围”模式，认为就劳动力的跨区域流动和土地利用的跨区域再配置还存在较多障碍（特别是在制度和市场分割方面）。[③] 何青松等（2008）通过分析“中心—外围”模型的扩展，发现区位优势利于集聚的发生，对区位因素依赖大的产业具有更大的集聚倾向，但并非所有具有区位优势的地区都可以形成产业集聚，当集聚因素作用足够大时，失去区位优势的集聚仍可以维持稳定。[④] 盖骁敏等（2011）基于对“中心—外围”模型的改造，得出结论：东部地区的运输成本低且主要使用普通劳动力的劳动密集型制造业会向中西部地区转移，而运输成本高或密集使用资本、技术、高技能劳动力的制造业仍布局于东部地区。[⑤] 李君华等（2011）对“中心—外围”模型的不足进行了研究，研究结果显示：在制造业方面，物流成本较低时，经济系统处于对称的专业化模型；而当物流成本较高时，制造业成本是作为一种集聚力而存在的，制造业会全部集聚在中心地区。[⑥] 窦文章等（2012）引

---

① 何雄浪，李国平．专业化产业集聚、空间成本与区域工业化 [J]. 经济学季刊，2007（4）.

② 何雄浪．专业化产业集聚、要素流动与区域工业化——克鲁格曼中心—外围模型新发展 [J]. 财经研究，2007（2）.

③ 许政，陈钊，陆铭．中国城市体系的“中心—外围模式”[J]. 世界经济，2010，33（7）.

④ 何青松，臧旭恒，赵宝廷．产业集聚的起源：一个中心外围模型的扩展 [J]. 财经问题研究，2008（2）.

⑤ 盖骁敏，张文娟．中国产业集聚发展演变趋势探讨——基于“中心外围”模型的分析 [J]. 山东大学学报（哲学社会科学版），2011（6）.

⑥ 李君华，彭玉兰．中心—外围模型的错误和再求解——对克鲁格曼解法的质疑 [J]. 经济学（季刊），2011，10（3）.

入区位因素完成了对“中心—外围”模型的修正，同时结合中国特殊国情和城乡二元土地制度，用“级差地租”替代“运输成本”进行补充分析，完成了对模型的扩展。[①] 凌晨等（2013）基于新经济地理理论所揭示的产业集聚影响因子，认为运输成本、规模经济、人力资源禀赋以及 FDI 等是影响制造业布局的重要因素。[②]

2.1.3 “中心—外围”理论下西部地区第一代开发区

20 世纪 80 年代，随着国外城市经济学理论进入中国和“中心—外围”理论的日益兴起，中国西部地区着手筹建开发区。西部地区 20 世纪 90 年代设立的主要开发区见表 2–1，主要以高新技术开发区为主，主要目标是发展高新技术产业，形成城市发展的新动力和增长极。

重庆市在此阶段设立了重庆高新技术产业开发区和重庆经济技术开发区。重庆高新技术产业开发区于 1991 年 3 月成立，目标是发展高新技术产业的集聚区，逐步发展为以铁路、船舶、航空航天、汽车和其他运输设备制造业、其他制造业等为支柱产业的产业集聚区，聚集了以长安汽车、渝三峡、三圣股份、梅安森等多家上市公司，尤其是进入第三个阶段以来，重庆高新技术开发区树立科技新城与产业基地同建的发展理念以及充分发掘寨山坪等自然生态，精心打造梁滩河绿色生态长廊的绿色发展理念。重庆经济技术开发区于 1993 年 4 月成立，以计算机、通信和其他电子设备制造业为主导产业，其产业定位是做强高端装备制造业、现代信息技术和现代服务业，培育出巨人网络、重庆啤酒等上市公司。

四川省在此阶段设立了成都高新技术产业开发区和绵阳高新技术产业开

① 窦文章，孙盟，赵玲玲，赵宇，沈家文．佛山高新区禅城园产业空间转型探索——基于“中心—外围”模型 [C]. 中国区域经济，2012.10.

② 凌晨，刘军，郑义．交通基础设施、FDI 与中国产业集聚的实证分析 [J]. 统计与决策，2013（8）.

发区。成都高新技术产业开发区成立于 1991 年 3 月，以计算机、通信和其他电子设备制造业为主导产业，培育和发展了 33 家上市公司，其中成都高新、华神科技等，逐渐形成了“一区四园”总体布局，致力于打造西部“硅谷”。绵阳高新技术产业开发区成立于 1992 年 11 月，以国防军工、计算机、通信和其他电子设备制造业为主要支柱产业，四川九州、四川长虹、新希望等知名上市公司，近年来致力于打造公园城市，实现产城融合的发展理念。

贵阳高新技术产业开发区于 1992 年 11 月成立，以计算机、通信和其他电子设备制造业为主导产业，贵州大数据中心成为贵州省最重要的产业集聚区，孵化出 18 家上市公司，其中包括航天电器、中天金融、中航重机、贵航股份等多家知名上市公司，在“发展高科技、实现产业化”的产业定位基础上，逐步提出绿色发展理念，坚持“生态、循环和低碳”发展的新理念。

西安高新技术开发区于 1991 年 3 月成立，涉及的领域包括以半导体、软件信息等为核心的电子信息产业，以新能源汽车、生物医药等为核心的现代制造业，以现代金融、文化创意为核心的现代服务业，孵化出近 20 家上市公司，其中包括陕国投、陕煤、烽火电子、陕鼓集团、金钼股份等。近年来，开发区以“发展高科技，实现产业化”为宗旨，形成“两带四区七园”的产业功能布局，建立西安市的首善区。

兰州高新技术产业开发区于 1991 年 3 月成立，秉承“发展高科技、实现产业化”的产业定位，强化“一区多园”的发展格局。以项目为先导，以发展高新技术产业为重点，逐步建立以医药、冶金化工、生物产业为主导的产业体系，孵化出 11 家上市公司，其中包括甘肃电投、佛慈制药等。

新疆这一时期设立了乌鲁木齐高新技术产业开发区和乌鲁木齐经济技术开发区。乌鲁木齐高新技术产业开发区于 1992 年 1 月成立，以创新型特色产业园区为依托，聚焦特色主导产业；倡导绿色发展理念，坚持把生态环境保护作为经济社会发展的底线、红线、高压线；严禁“三高”项目进新疆。日益形成了以医药制造业、计算机、通信和其他电子设备制造业为支柱的产业体系，孵化出7家上市公司，其中包括西部黄金、美克家居、新研股份等。乌鲁木齐经济技术开发区成立于1994年8月，其发展定位为以招商、建设两线展开，以工业为主，二、三产业联动。在绿色发展阶段，坚持“基础设施先行、综合开发、环境优先”的开发理念，逐步建立了新能源开发、精细化工、农牧业等为支柱的产业体系。孵化出上市公司35家，其中包括金风科技、中泰化学、天业股份等。

表 2–1　1990—2000 年我国西部地区开发区的发展情况

省份	成立时间	特色开发区	发展定位	开发区支柱产业	上市公司数目	主要上市公司	上市公司产业
重庆	1991年3月	重庆高新技术产业开发区	发展理念：科技新城与产业基地同建 绿色发展理念：充分发掘寨山坪等自然生态，精心打造梁滩河绿色生态长廊	铁路、船舶、航空航天、汽车和其他运输设备制造业、其他制造业	10	重庆三峡油漆股份有限公司	制造、销售油漆、涂料及合成树脂、金属包装制品、金属材料、化工产品及建筑装饰材料等
						重庆三圣实业股份有限公司	生产、销售硫酸、液态二氧化硫、建筑材料混凝土外加剂等，普通货运、货物专用运输
						重庆梅安森科技股份有限公司	计算机软件、网络技术、系统服务、硬件、电子电器设备、自动化仪器仪表、建材的开发等
	1993年4月	重庆经济技术开发区	产业定位：做强高端装备制造、现代信息技术和现代服务业	计算机、通信和其他电子设备制造业	4	重庆啤酒股份有限公司	啤酒、饮料以及相关产品的生产和研发，饮料，生物制药
						重庆汽车工程研究院股份有限公司	汽车、低速货车、摩托车及零部件等的研究、开发、转让、咨询、服务和检测，货物、技术进出口等
						巨人网络集团股份有限公司	计算机游戏软件的开发、销售；网络游戏出版运营，动漫设计、制作，计算机软硬件设计等

续表

省份	成立时间	特色开发区	发展定位	开发区支柱产业	上市公司数目	主要上市公司	上市公司产业
四川	1991年3月	成都高新技术产业开发区	总体布局："一区四园"总体布局 发展定位：西部"硅谷"	计算机、通信和其他电子设备制造业	33	成都高新发展股份有限公司	建筑施工、期货、园林、厨柜制造等业务
						四川汇源光通信股份有限公司	制造电线、电缆、光缆等，信息传输、计算机服务和软件业，商品批发与零售；进出口业等
						成都泰合健康科技集团股份有限公司	高新技术产品开发生产、经营，中西制剂、原料药的生产，药业技术服务和咨询等
四川	1992年11月	绵阳高新技术产业开发区	管理体制：实行省市共建，以市为主； 绿色理念："公园城市"	国防军工、计算机、通信和其他电子设备制造业	8	四川九洲电器股份有限公司	广播电视接收设备及器材、整机装饰件制造，通信传输设备制造，卫星电视接收系统等
						新希望六和股份有限公司	配合饲料、浓缩饲料、精料补充料的生产、加工
						四川双马水泥股份有限公司	制造、销售水泥及制品；机械设备加工维修及安装，技术咨询、服务、管理支持等
贵州	1992年11月	贵阳高新技术产业开发区	产业定位："发展高科技、实现产业化"的方针； 绿色发展理念：坚持"生态、循环和低碳"的理念	计算机、通信和其他电子设备制造业	18	南方汇通股份有限公司	膜法水处理业务、植物纤维综合利用和股权投资运营
						贵州航天电器股份有限公司	高端连接器、微特电机、光电等领域的研制生产和技术服务
						中天金融集团股份有限公司	金融业务，互联网金融等

续表

省份	成立时间	特色开发区	发展定位	开发区支柱产业	上市公司数目	主要上市公司	上市公司产业
陕西	1991年3月	西安高新技术开发区	产业定位：以“发展高科技，实现产业化”为宗旨；建立“两带四区七园”的产业功能布局。 绿色发展理念：“花园之城”的建设理念	以半导体、软件信息等为核心的电子信息产业，以新能源汽车、生物医药等为核心的现代制造业，以现代金融、文化创意为核心的现代服务业	18	陕西省国际信托股份有限公司	资金、不动产、有价证券等信托，投资基金业务，企业资产的重组、购并及项目融资等
						西部金属材料股份有限公司	稀有金属材料的板、带等新型材料的开发、生产和销售，经营自产产品及技术的出口业务等
						西安环球印务股份有限公司	包装装潢设计、生产和加工各类包装材料，包装装潢印刷品印刷，销售本企业产品等
	1992年11月	宝鸡高新技术产业开发区	发展定位：以建设一流创新型园区为目标，坚持“产业发展、技术创新、开发建设”三轮驱动； 绿色发展理念：构建田园化城市生态	计算机、通信和其他电子设备制造业、其他制造业	5	宝鸡钛业股份有限公司	钛及钛合金等稀有金属材料和各种金属复合材料、钢线材等的生产、加工、销售等
						陕西烽火电子股份有限公司	电子产品、无线电通信设备、电声器材、电子元器件、声像、电教产品、机电产品等
						秦川机床工具集团股份有限公司	通用及专用设备制造，黑色及有色金属加工，汽车零部件及配件制造等

续表

省份	成立时间	特色开发区	发展定位	开发区支柱产业	上市公司数目	主要上市公司	上市公司产业
陕西	1997年7月	杨凌农业高新技术产业示范区	发展定位：高起点、高标准进行城市基础设施和公共服务设施建设，城市功能不断完善；绿色发展理念："优质、精品、特色、高效、生态"为农业发展理念	农副食品加工业、医药制造业、电气机械和器材制造业	1	陕西延长石油化建股份有限公司	化工石油工程、市政公用工程、房屋建筑工程施工总承包，机电设备安装工程、防腐保温工程、土石方工程、钢结构工程、消防设施工程专业承包等
宁夏	1997年7月	宁夏固原经济开发区	发展思路："12345"的工作思路，即一定位、二致力、三为主、四提升、五着力	农副食品加工业、其他制造业	0		
甘肃	1991年3月	兰州高新技术产业开发区	发展定位："发展高科技、实现产业化"；强化"一区多园"的发展格局。以项目为先导，以发展高新技术产业为重点	医药制造业、计算机、通信和其他电子设备制造业	11	甘肃电投能源发展股份有限公司	以水力发电为主的可再生能源、新能源的投资开发、研发、生产经营及相关信息咨询服务
						兰州黄河企业股份有限公司	啤酒、麦芽、仓储，建筑材料、普通机械的批发零售，技术咨询，农业技术开发及推广等
						兰州佛慈制药股份有限公司	中成药、西药、中药饮片及包装品的生产、批发零售，中药材种植、收购、加工、销售等

续表

省份	成立时间	特色开发区	发展定位	开发区支柱产业	上市公司数目	主要上市公司	上市公司产业
云南	1992年8月	楚雄高新技术产业开发区	发展定位：以经济开发建设为核心，招商引资和项目建设为重点。“小政府，大社会”原则；绿色发展理念：“生态优先、绿色发展”	医药、冶金化工、生物产业、工业	0		
新疆	1994年8月	乌鲁木齐经济技术开发区	产业发展定位：“以招商、建设两线展开，以工业为主，二、三产业联动”； 绿色发展阶段：坚持“基础设施先行、综合开发、环境优先”的开发理念	新能源开发、精细化工、农牧业	35	新疆中泰化学股份有限公司	主要经营聚氯乙烯树脂（PVC）等氯碱化工产品物资流通和进出口业务
						新疆金风科技股份有限公司	风机研发、生产与制造，风电服务，风电场投资与开发
						新疆天业股份有限公司	化工产品、番茄酱、塑料制品的生产和销售，汽车运输，机电设备等

续表

省份	成立时间	特色开发区	发展定位	开发区支柱产业	上市公司数目	主要上市公司	上市公司产业
新疆	1992年1月	乌鲁木齐高新技术产业开发区	定位：以创新型特色产业园区为依托，聚焦特色主导产业；绿色发展理念：坚持把生态环境保护作为经济社会发展的底线、红线、高压线；严禁“三高”项目进新疆	医药制造业、计算机、通信和其他电子设备制造业	7	新疆机械研究院股份有限公司	Y系列自走式玉米联合收获机、S系列青（黄）贮饲料收获机、M系列苜蓿压扁收获机
						美克国际家居用品股份有限公司	经营家居全产业链业务
						西部黄金股份有限公司	黄金、铬矿石、铁矿采选，普通货物运输，黄金、冶炼、深加工等

资料来源：中国开发区网，筛选依据为西南、西北地区经开区；同花顺，筛选依据为经开区，口径为根据所属概念选择相应上市公司。

2.2 产业集聚理论与西部地区第二代开发区

2.2.1 产业集聚理论

自第一次工业革命的蒸汽时代到来，最先开始工业化的发达国家对产业集聚现象展开了研究。产业集聚研究经历了三个阶段。工业化初期研究的重点在于投入与产出关系。在工业化中末期，研究的焦点为企业群体间的信息沟通、交易费用等。随着第三次工业革命的兴起，研究的重点为企业集群中的知识溢出。①

① 吴庆玲．京津冀区域国家级经济技术开发区产城融合研究 [D]. 首都经贸大学，2016.

英国著名经济学家马歇尔（Marshall）最先提出了产业集群的概念。他首先指出了外部规模经济理念。对于产生规模经济的原因，他认为首先是出现了专业化的中间厂商和服务；其次是厂商们在特定区域内有了一个共享的劳动力市场；最后是某些先进公司技术创新产生的知识外溢。这三个因素被后来的经济学家们认为是马歇尔关于产业集群理论在概念方面的三个突出贡献。①

周政（2013）认为相较于马歇尔的理论，胡佛的理论贡献在于他认为外部规模经济空间规模是存在异质性的，而且外部规模经济会在特定区域内，随着不同产业部门的具体特点而变化。②

1909年，经济学家韦伯（W.Weber）在他的著作《工业区位论》一书中首先提出工业区位论，其主要思想是费用最小化。他认为产生产业集群的关键在于，各种所需要的生产要素的集中，以及区域内不同企业之间相互作用带来的生产成本的下降，这样企业利润便会增多。他所提出的区位最优理论，其实就是费用最低理论。在特定区域内，某个经营业绩良好的企业会随着经营效益的提高、生产规模的扩大而节约生产成本。在一个区域内更多的企业集聚，就会给该区域内所有企业节省更多的费用成本，带来更多的利润。与此同时，区域内的企业共享劳动力市场，这样会带来劳动力成本降低，中间商服务的专业化也是企业集聚的重要因素。韦伯认为，集群有助于节约成本、增加收益，这是促使企业集聚的动因。专业市场的发展可以为区域内企业采购生产资料提供方便，同时也可以扩大要素市场的交易规模，从而节省成本、提高利润。同时，区域内各种企业共享优质的基础设施，同样减少了企业的成本支出，加速了企业集聚。③

---

① 吴庆玲．京津冀区域国家级经济技术开发区产城融合研究[D].首都经济贸易大学，2016.
② 周政．国际分工格局演变下的中国生产性服务业发展研究[D].东南大学，2013.12.
③ 吴庆玲．京津冀区域国家级经济技术开发区产城融合研究[D].首都经济贸易大学，2016.

增长极（Growth Pole）1950年由佩鲁（Francois Perroux）首先提出，他认为经济增长并不是在所有区域内同时发生的。经济增长先在某一特定区域发生，然后带动落后区域的经济增长。他认为，在非均衡条件下经济发展所需要的某种生产要素，会对其他某类生产要素产生决定性的支配作用。在某些特定区域内，由于经济资源的集中，某些先进行业或者富有效率的部门会先得到发展，产生并形成增长极。随着时间的推移，该区域的经济规模会越来越大，并对其他落后区域产生辐射带动作用，促进落后地区的经济增长。增长极并不是只有正效应，增长极同样会产生负效应，即回波效应。回波效应是指先进地区的企业生产者会抑制阻碍落后地区的经济增长。[①] 赫希曼进一步丰富了增长极理论，他提出“核心区—边缘区”理论，认为经济区域大多可以分为核心发达区域与边缘相对落后区域。这种区域构造是全社会的不断发展进一步紧密相连的产物。赫希曼借助网络效应指出，落后地区的政府在编制本地产业发展战略时，首先应当发展带动能力强的产业，从而使增长极发挥最大效应。

迈克尔·波特在《国家竞争优势》一书中，借助钻石模型对产业集聚理论进行了更深一步的理论研究。从区域创新能力的角度来研究产业集聚现象是他的重要理论贡献。他在竞争优势理论中指出，区域中不同要素发挥作用是一个全局性的量变，企业竞争压力和空间产业集聚使钻石架构成为一个系统。区域内不同生产者的竞争压力，迫使他们提高自己的创新能力。而空间上的集聚会使他们增强创新协调能力。[②] 他进一步指出发展区域经济、促进产业集聚需要政府的帮助，政府可以提供更优质的基础设施，使企业在特定区域内发展集中。[③] 波特首先提出了产业集群（Industrial

① Francois Perroux. Economic Space: Theory and Applications. 1995，64（1）.

② 梁琦．空间经济学：过去、现在与未来——兼评《空间经济学：城市、区域与国际贸易》[J]. 经济学（季刊），2005（3）.

③ 迈克尔·波特（Michael E.Poter）. 国家竞争优势 [M]. 中信出版社，2007.

cluster）这一概念，他认为产业集聚不仅是某些企业在某一特定区域内的集中，而且是各种不同的生产要素在某一特定区域内的集中。产业集群是一个有机的总体，覆盖了产业链的上中下游。他所提出的产业集群概念为后进国家发展经济、编制适合本国国情的经济发展战略奠定了思想基础。①

20 世纪 80 年代，美国加利福尼亚州硅谷地区的半导体产业兴起，产生了一个新兴的高技术产业区。诺贝尔经济学奖得主保罗·克鲁格曼，通过建立不完全竞争市场下的规模报酬递增模型，将区域内产业的集聚现象与国际贸易关联起来。他通过实证模型，发现特定区域内集聚的产业结构的形成原因是多方面的，不仅取决于不同区域内的政府决策，也会受到其他历史事件的影响。由于区域内相对于区外的生产成本低，该区域内厂商的规模一般较大。在特定区域内经济要素的空间集聚主要取决于该区域内的市场规模，以及是否具有充足的劳动力。产业集聚不仅能促使专业化的劳动力市场形成，也会为区域内的劳动力提供更多的就业岗位。②他认为，在发达国家去工业化这一历史背景下，制造业的重要性仍然很高。一个国家制造业在全社会经济总量的比重越大，这个国家的产业集聚程度也就越高。发达地区的技术外溢效应、经济活动的空间集聚，会创造出纯外部经济性。③

2.2.2　产业集聚理论模型

导致经济活动空间集聚的机制是多种多样的，从经济活动不同的集聚机制出发可以构建不同的集聚经济模型。④本文根据不同模型建模的方法及其反映的集聚机制的区别，将现有集聚经济模型划分为六类：基于外部

---

① 吴庆玲 . 京津冀区域国家级经济技术开发区产城融合研究 [D]. 首都经济贸易大学，2016.

② 同上。

③ 同上。

④ 刘华荣 . 产业集聚背景下福建特色小镇发展的研究 [D]. 集美大学，2019.

规模经济的产业集聚理论模型、基于知识外溢的产业集聚理论模型、基于消费者多样性偏好的产业集聚理论模型、基于中间投入品的产业集聚理论模型、基于劳动力市场供需匹配的产业集聚理论模型、基于消费过程中不完全信息的产业集聚理论模型。①

（1）基于外部规模经济的产业集聚理论模型

在生产函数中加入外部规模经济有关的因素是实现将外部规模经济纳入产业集聚数学模型的一个主要方法。由于空间上的产业集聚的程度不同，因此在实际的建模当中，外部规模经济效应可以反映到某一类产业，也可以反映到特定区域内所有产业。②

①地方化经济效应的模型设定

Henderson（1974）③将地方化规模经济加入生产函数当中。他的地方化规模经济效应生产函数模型如下：

$$X_1^{1-p_1} = L_1^{\alpha_1} K_1^{\beta_1} N_1^{\delta_1} \tag{2.30}$$

$$\alpha_1 + \beta_1 + \delta_1 = 1, 0 \leqslant p_1 \leqslant 1 \tag{2.31}$$

其中，L_1、K_1、N_1 分别表示场地投资、资金投资、劳动力投资。p_1 为指代外部规模经济的变量，$0 \leqslant p_1 \leqslant 1$ 意味着（$\alpha_1 + \beta_1 + \delta_1$）/（$1 - p_1$）$\geqslant 1$，即区域内外部规模经济效应为正，该模型仅考虑了正的外部规模经济对于特定区域产业内经济发展的有利影响。在不同地区的经济发展过程中，规模经济并不总是有利的因素。外部规模经济还有可能阻碍区域经济发展，所以一个地区经济发展的均衡状态，是正的外部规模经济与负的外部规模经济相互作用而最终形成的。④

① 胡颖磊．经济集聚对我国区域间房地产价格差异的影响机制分析 [D]. 复旦大学，2011.

② 陈良文，杨开忠．集聚经济的六类模型：一个研究综述 [J]. 经济科学，2006（6）.

③ J-Vernon Henderson. The sizes and types of cities[J]. The American Economic Review, 1974, 64(4).

④ 朱妍．劳动力流动、产业转移与城市发展研究 [D]. 南开大学，2010.

②产业集聚理论的模型设定

Abdel -Rahman（1990）[①] 设定，不同区域内不同产业拥有不同的生产函数，从而将外部规模经济效应从地区内某产业扩大到该区域内的全部行业。

Abdel -Rahman（1990）模型外部规模经济效应的扩大作用可以用生产函数反映出来：在特定空间结构下，一个空间范围内有两个相同的产业，它们有不同的生产函数。设其生产函数 $x_1 = f(H_1, H_2)\ h_1$，其偏导数大于等于零；$x_2 = g(H_2)\ h_2$，其偏导数也大于等于零。其中 x_1，x_2 为产业 1 和产业 2 中先进企业的产出，h_1，h_2 分别代表产业 1 和产业 2 先进企业的人力资本投资，H_1，H_2 分别代表产业 1 与产业 2 的总人力资本投资。在这一空间范围内，产业 1 会对区域内所有产业都产生正的外部效应，产业 2 仅会对自身相关的产业产生正的外部规模经济效应。

（2）基于知识外溢的产业集聚理论模型

特定区域内产业经济集聚，可能是由于先进企业技术外溢而产生的。Jacobs（1969）[②] 认为知识可分为编码知识和隐性知识，隐性知识只有在特定的空间范围内通过不同人、不同企业的相互实际接触交流才可以获取。

① Jovanovic 等的知识扩散模型

Jovanovic 和 Rafael（1989）[③]、Jovanovic 和 Yaw（1995）[④] 的模型重现了在特定空间范围内，不同的个体之间知识传播的流程。

---

① Hesham-M Abdel-Rahman. Agglomeration economies, types, and sizes of cities[J]. Journal of Urban Economics, 1990, 27(1).

② Jane Jacobs. The economy of cities[M]. Vintage, 1969.

③ Oyan Jovanovic, Rob Rafael. The growth and diffusion of knowledge[J]. The Review of Economic Studies, 1989, 56(4).

④ Boyan Jovanovic, Nyarko Yaw. A Bayesian learning model fitted to a variety of empirical learning curves[J]. Brookings Papers on Economic Activity. Microeconomics, 1995.

模型的中心思想是在特定空间区域范围内，拥有高技术的个人有助于先进技术的传播。在一个空间范围内，劳动力可以分为掌握先进技术的劳动力和缺乏技术的劳动力。一个人要想掌握先进技术必须向年长的掌握先进技术的劳动力学习。而年长的掌握先进技术的劳动力可以从教授年轻的缺乏技能的劳动力的过程中获得收入。①

在一个特定区域内，城市的发展包含集聚力量与分散力量。分散力量是指一个人居住于城市就要付出高昂的生活成本，集聚力量是指一个人在城市中生活可以获得高收入，这个收入不仅来自劳动，而且来自向缺乏劳动技能的人传授技能。城市最终发展的均衡结果，与城市中个人的预期密切相关。在城市中，不同人群的选择是不相同的，年轻人由于向往都市生活，更倾向于向年长的、掌握先进技术的工人学习知识。在都市，在这一连续不断的人口集聚与先进知识传播的过程中，城市集聚便形成了。②

② Duranton 和 Puga 的知识生产模型

Duranton 和 Diego（2001）③ 的突出贡献在于，将“不同区域内产业集聚能够带动先进技术的创造”这一思想加以数学化。特定区域内产业集聚水平越高，越可以节省单个企业的试制成本，反过来促进该区域内的产业集聚水平提高。当然，产业集聚并不总是带来正的外部效应，当区域内的产业集聚发展到一定水平时，大量的同质企业便会抢夺生产资源，导致生产成本增加。越是大企业越是希望在专业化水平更高的产业集聚区内发展生产。

（3）基于消费者多样性偏好的产业集聚理论模型

学界对于消费者的需求多样化偏好，即消费者购买多样化的产品能够

---

① 陈良文．城市体系的集聚经济模型研究 [D]. 北京大学，2008.

② 同上。

③ Gilles Duranton, Puga Diego. Nursery cities: Urban diversity, process innovation, and the life cycle of products[J]. American Economic Review, 2001, 91(5).

满足自己更大的效用这一偏好，进行数学量化研究已经有很长一段时间，但未有明显进展。Dixit 和 Stiglitz（1977）[①] 将市场上购买者需求的丰富异质化偏好与区域内企业的产业集聚纳入垄断竞争模型当中，开创了将不同市场上不同需求者丰富异质化偏好作为区域产业集聚的重要因素的量化研究。

有学者丰富和发展了垄断竞争模型。Hobson（1987）[②]、Francisco-L.（1988）、Rivera-Batiz（1988）[③] 在他们的模型中不考虑产品的运输成本。在市场上不同消费者对于丰富异质化产品的需求偏好条件下，在某一特定区域，越能提供多样化产品的城市，越难吸引更多的人群与更多的产业集聚。还有研究将产品的运输费用放到模型里考虑，开创者是 Krugman（1991）[④]。他的新经济地理学的区域产业集聚原理是，在某一特定区域内存在不可忽视的产品运输费用，这一区域能同时满足市场上购买者群体丰富异质化的购买需求，该城市便能吸引更多的人群。城市化水平提高，城市人口增多，反过来又能进一步促进城市人群的丰富异质化产品需求。该地区巨大的产品需求会将周围先进的企业吸引过来，因此就形成了城市经济发展的“中心—边缘”构造。

（4）基于中间投入品的产业集聚理论模型

很早以前，英国著名的经济学家马歇尔就曾强调过，专业化的中间厂商和服务是促进特定区域内产业集聚的三个重要因素之一。Ethier（1982）[⑤]

---

① Avinash-K Dixit, Stiglitz Joseph-E.. Monopolistic competition and optimum product diversity[J]. The American economic review, 1977, 67(3).

② Paul-AR Hobson. Optimum product variety in urban areas[J]. Journal of Urban Economics, 1987, 22(2).

③ Francisco-L., Rivera-Batiz. Increasing returns, monopolistic competition, and agglomeration economies in consumption and production[J]. Regional science and urban economics, 1988, 18(1).

④ Paul Krugman. Increasing returns and economic geography[J]. Journal of political economy, 1991, 99(03).

⑤ Wilfred-J Ethier. National and international returns to scale in the modern theory of international trade[J]. The American Economic Review, 1982, 72(3).

最先认识到专业化的中间服务厂商和服务与最终产品生产部门在空间布局上的重要性。在具体的数学量化模型上，他们认为能够提供更多的专业化的中间服务与产品的厂商的某一特定区域，能够吸引更多的最终产品生产厂商迁入，从而提高该区域内的产业集聚水平。① 这一理论模型可表示如下：

$$Y^j=\left\{\int_0^{n^j}\left[x^j(h)\right]^{1/(1+\varepsilon^j)}dh\right\}^{1+\varepsilon^j} \tag{2.32}$$

Y^j 为完全竞争条件下最终产量函数，$x^j(h)$ 为中间投入品 h 的总量，n^j 为均衡生产时的中间投入品数量。Dixit&Stiglitz（1977）式中的垄断竞争企业生产函数：$x^j(h)=\beta^j l^j(h)-\alpha^j$，其中 $l^j(h)$ 表示劳动投入，β^j 为劳动边际生产力，α^j 为固定成本。

最终生产成本最小化的中间产品需求函数为：

$$x^j(h)=\frac{\left[q^j(h)\right]^{-(1+\varepsilon^j)/\varepsilon^j}Y^j}{\left\{\int_0^{n^j}\left[q^j(h)\right]^{1/\varepsilon^j}dh\right\}^{1+\varepsilon^j}} \tag{2.33}$$

其中，$q^j(h)$ 为 h 的价格函数。

由此可得中间投入品生产商的均衡数目：

$$Y^j=\frac{L^j}{l^j}=\frac{\beta^j\varepsilon^j}{\alpha^j(1+\varepsilon^j)}L^j \tag{2.34}$$

其中，L^j 为总劳动力供给。

J 部门总产量如下所示：

$$Y^j=\left\{\left[x^j(h)\right]^{1/(1+\varepsilon^j)}\right\}^{1+\varepsilon^j}=(L^j)^{1+\varepsilon^j} \tag{2.35}$$

① 陈良文，杨开忠 . 集聚经济的六类模型：一个研究综述 [J]. 经济科学，2006（6）.

式（2.35）清晰地显示，无论中间服务或产品的专业化提供者给出的价格高还是低，最终产品的生产者都会使用他们的产品。这揭示了一个区域内有着丰富异质化的专业中间产品与服务的提供者的重要性。

（5）基于劳动力市场供需匹配的产业集聚理论模型

不同的地区或国家，由于历史或者经济发展等原因，不同区域内劳动力的受教育水平是不一样的，他们所掌握的劳动技能水平也有高低。一个有着大量掌握先进的劳动技能的劳动力的地区能吸引更多的产业集聚，这可以降低这些厂商寻觅劳动力的成本，所以劳动力供需匹配模型的基本原理与 Marshall 的共享劳动力市场理念是相通的。[①]

① Salop 劳动力市场供需匹配一般性模型

劳动力市场供需匹配的一般性模型始于 Salop（1979）[②]等的研究。模型的基本特征：企业数目外生决定，工人连续且拥有不同技能，不均匀分布于单位圆，企业岗位要求与工人技能差异为 Z，N 个企业竞争工人，则有如下工资函数：

$$W(h) - UZ = W - U\left(\frac{1}{n} - Z\right) \tag{2.36}$$

雇用工人数量的函数：

$$l(h) = 2lz = \frac{1}{n} + [w(h) - W]\frac{l}{U} \tag{2.37}$$

均衡工资为：

$$W = \beta - \frac{U}{n} \tag{2.38}$$

零利润条件下的企业数目为：

---

① 张琳彦 . 产业集聚测度方法研究 [J]. 技术经济与管理研究，2015（6）.

② Steven-C. Salop. A model of the natural rate of unemployment[J]. The American Economic Review, 1979, 69(1).

$$n = \sqrt{\frac{Ul}{\alpha}} \quad (2.39)$$

总产出为：

$$Y = n(\beta l - \alpha) = (\beta - \sqrt{\frac{Ul}{n}})L \quad (2.40)$$

工人实际的人均收入为：

$$E(W) = \beta - \frac{5}{4}\sqrt{\frac{\alpha U}{L}} \quad (2.41)$$

② Helsley 和 Strange 的城市集聚经济模型

Helsley 和 Strange（1990）[①] 的模型基于人力资本市场信息不对称条件下，劳动力总是掌握比企业更多的关于自己劳动技能的背景，而企业只需要与自己企业生产相匹配的能掌握相应技能的劳动力。为了生存，总是有很多没有掌握相应技能的劳动力进入企业工作，前提是他们自己出钱提升自身劳动技能，所以工人就得自己决策，是选择一般收入的工作还是选择继续培训得到更高收入的工作。这一劳动力与企业之间相互博弈的最终均衡结果，就是一个特定区域内拥有很多高技术水平的劳动力，那么该区域内就会有成群的能够提供高薪酬水平的企业，形成一个双赢的产业集聚现象。[②]

（6）基于消费过程中不完全信息的产业集聚理论模型

市场上购买者选购称心如意的产品，即使自己得到效用最大化的产品，肯定要付出寻找费用，所以公司的产业集聚可以减少购买者的寻找成本，从而能吸引更多购买者在此地消费。[③]

① Robert-W. Helsley, Strange William-C.. Matching and agglomeration economies in a system of cities[J]. Regional Science and urban economics, 1990, 20(2).

② 高莹莹 . 基于 M 函数测度方法的产业集聚研究 [D]. 北京大学，2008.

③ 李玉萍 . 基于普查的中国制造业升级实证研究 [D]. 北京大学，2011.

Fujita 和 Thisse（2002）[①] 的模型基于购买者为了寻找能使自己效用最大化的产品肯定要付出寻找费用这一前提，这一费用主要是购买者在不同市场上往返的交通费用。交通费用是由购买者的常住地址与消费地之间的距离计算的。他们的模型设定在一个特定区域内，市场上有 X 家零售公司选址在地点 A，其余的零售公司都选址在地点 B。当地点 A 与地点 B 相隔很远，地点 B 企业数量稍多时大多数购买者都会首先选择从地点 B 开始购买，如果在地点 B 没有搜寻到所满意的产品，才会去地点 A 搜寻，这样在地点 B 就形成了产业集聚。

2.2.3 产业集聚理论下的西部地区第二代开发区

产业集聚理论的发展和在中国的开发区实践中的运用大概始于 20 世纪 90 年代末，第一代开发区经过近十年的发展，在发展高新技术产业的基础上，追求以某一个支柱产业为新区的核心，发展形成整个产业链的上中下游的聚集，实现高新技术开发区的第二次“创业”。与此同时，在原有的工业基础上设立以经济开发区为主要代表的新开发区，各地开发区蓬勃发展。西部地区第二代主要开发区的具体情况见表 2-2。

重庆两江新区、万州经济技术开发区与长寿经济技术开发区等均为重庆市 2001—2010 年筹建的新区。重庆两江新区以汽车制造业、电子信息业和装备制造业为支柱产业，通过整体规划重点产业，逐步调整产业结构和功能布局，通过不断完善园区环境、城市治理和人居环境的新型城镇化，实现产城融合，并拥有了国家电投集团、远达环保股份有限公司等知名上市公司。重庆长寿经济技术开发区于 2001 年 12 月成立，是以石化产业为主导的综合性化工园区，通过布局合理、结构优化、可持续发展的长

① Masahisa Fujita, Thisse Jacques-François. Agglomeration and Market Interaction[J]. Core Discussion Papers Rp, 2002.

江上游一流的综合性化工基地、国家新材料基地和国家级循环经济示范园区，采取政府统一建设、统一管理服务的模式，将绿色发展理念贯穿于园区发展管理的方方面面，致力于把园区建设成为生态绿色的产业示范区。万州经济技术开发区于2002年12月开始启动，重点发展盐气化工、新材料新能源、纺织服装、机械电子、食品药品等五大特色产业。建园以来，万州经济技术开发区从零起步，坚持不懈地走开放、特色、集群的产业发展路子，吸引了300余家知名制造业企业，形成了汽车装备制造、照明、能源建材等产值超过千亿元的开发区。

四川广安经济技术开发区于2010年6月被国务院批准为国家级经济技术开发区，是四川省确定的气盐结合的精细化工基地和循环化改造示范园区，重点发展精细化工、新材料、新能源、新型住宅等高端成长型产业，以循环经济产业打造生态工业园区，推进园区循环化改造，发展成绿色经济园区。四川德阳经济技术开发区同样于2010年6月被国务院确定为国家级经济技术开发区。该开发区致力于发展新能源新装备新材料产业与现代服务业，已经吸引超过1000余家的各类企业与项目。园区建立以来，各项经济指标每年以超过30%的增速实现超常增长，开发区已经成为中国西部高新现代园区发展示范区，成为政府清廉度高、企业效益好、世界闻名的新能源产业制造基地。

贵州遵义经济技术开发区通过实施工业强区、城市立区、三产活区战略，加快发展现代服务业，大力实施开放兴区，坚持统筹发展要求，大力发展经济开发区内的教育，提升开发区内的劳动力资源素质，促进开发区内经济与自然协调可持续发展。形成了以农副食品加工业、食品制造业、酒、饮料和精制茶制造业为支柱的产业体系，孵化出贵绳股份、泰永长征、天成控股等上市公司。

西藏自治区拉萨经济技术开发区于2001年9月成立，是西藏唯一的国家级经济技术开发区。开发区坚持以发展第二产业为主导，以工业企业的发展带动当地农牧民的就业，同时结合本地资源优势，发展适合于当地特色的藏药、旅游、农牧产品深加工及农业产业化新技术引进，鼓励发展高新技术，同时注重发展开发区内医疗卫生事业。孵化出高争民爆、卫信康等知名上市公司。

陕西航天经济技术开发区于 2006 年 11 月成立，是国家战略性高新技术产业集聚区，也是西安建设国家西部中心城市与国际化大都市的产业示范区。开发区以战略性新兴产业为导向，发展以航空航天、新能源等军民融合相关产业，做好当地产业布局，提升区域内航空航天等主导产业在经济总量中的占比，提高产业竞争力，建设特色鲜明的世界一流航天新城。[①] 西安浐灞生态区成立于 2004 年 9 月，通过改善区域内的生态环境，改善城市面貌，发展区域内的金融产业、旅游产业、文化会展产业等先进服务业。

银川经济技术开发区成立于 2001 年，在“三调、两转、一示范”发展战略的指引下，开发区已经形成以高端装备制造、战略性新材料、生产性服务业、高端健康消费品生产为特色的四大产业集群，以装备制造、生物医药工程、汽车零部件、石油化工等为支柱产业，成为宁夏构建开放型经济新体制和培育吸引外资新优势的排头兵和宁夏科技创新驱动、绿色集约发展的示范区。

① 孙玮．航天基地智能市政管理系统绩效评价 [D]. 长安大学，2014.

表 2–2　2001—2010 年我国西部地区开发区的发展

省份	成立时间	特色开发区	开发区发展阶段	开发区支柱产业	区内上市公司数目	主要上市公司名称	上市公司产业
重庆	2002 年 12 月	万州经济技术开发区	2010—2015 年，产业集聚：打造“江南万亿工业走廊”，致力于产业建设 2016年至今，产城融合：促进产业发展，以产业带动城市发展	化学原料和化学制品制造业、其他制造业	1	三峡水利股份有限公司	发电、供电、电力设计、勘察安装
	2001 年 12 月	长寿经济技术开发区	绿色发展阶段：五个“一体化”理念、可持续发展观和循环经济理论贯穿园区规划建设，把园区建设成为一个生产与生态平衡、发展与环境和谐的化学工业园区	化学原料和化学制品制造业、黑色金属冶炼和压延加工业	1	重庆钢铁股份有限公司	黑色金属、钢铁
	2010 年 5 月	重庆两江新区	产业集聚理论阶段：整体规划重点产业，逐步调整产业结构和功能布局 产城融合阶段：园区环境不断完善，城市治理效能和人居环境的新型城镇化水平逐步提高	汽车制造业、电子信息业和装备制造业	1	国家电投集团远达环保股份有限公司	节能环保技术研发、转让及咨询服务，节能环保产品制造、销售等
四川	2010 年 6 月	广安经济技术开发区	绿色发展阶段：循环经济产业，打造生态工业园区，推进园区循环化改造	有色金属、建材、医药制造业、计算机、通信和其他电子设备制造业	1	四川广安爱众股份有限公司	水力发电、供电、天然气供应、生活饮用水

续表

省份	成立时间	特色开发区	开发区发展阶段	开发区支柱产业	区内上市公司数目	主要上市公司名称	上市公司产业
四川	2010 年 6 月	德阳经济技术开发区	产业集聚与绿色发展阶段：工业立园，科技兴园、统筹强区、建设“园林式城市”	机械、新材料、服装、装备制造业	3	四川金路集团股份有限公司	聚氯乙烯树脂、人造革、农药、针纺织品自产自销、服装进出口等
						四川科新机电股份有限公司	三类压力容器的设计、制造、安装、销售，压力管道安装，仪器仪表的设计等
						四川宏达股份有限公司	肥料生产销售，肥料研发，饲料级磷酸氢钙、氯碱、硫酸等
贵州	2013 年 12 月	遵义经济技术开发区	产业集聚阶段：实施工业强区、城市立区、三产活区、开放兴区战略部署，着力打造实力、宜居、文化、平安、和谐汇川	农副食品加工业、食品制造业、酒、饮料和精制茶制造业	3	贵州钢绳股份有限公司	钢丝、钢绳产品及相关设备、材料、技术的研究、生产、加工
						贵州长征天成控股股份有限公司	电气设备、钼镍矿资源开发、锆钛矿资源开发、网络技术开发及互联网金融服务等
						贵州泰永长征技术股份有限公司	智能型万能式断路器、塑料外壳式断路器、塑壳漏电保护断路器、微型断路器等
西藏	2001 年 9 月	拉萨经济技术开发区	产业集聚阶段：以发展工业项目为主，吸收外资和出口产品，致力于发展高新技术产业	食品制造业、酒、饮料和精制茶制造业、医药制造业	2	高争民爆股份有限公司	化工、化学制品、民爆制品
						卫信康医药股份有限公司	医药生物、化学制药、化学制剂

续表

省份	成立时间	特色开发区	开发区发展阶段	开发区支柱产业	区内上市公司数目	主要上市公司名称	上市公司产业
陕西	2004年9月	西安浐灞生态区	绿色环保与经济发展	金融、文化会展、旅游、大数据及现代商贸，房地产	0		
	2006年11月	陕西航天经济技术开发区	产城融合阶段：军民融合，大力提升主导产业规模及竞争力双提升，建设特色鲜明的世界一流航天产业新城	铁路、船舶、航空航天和其他运输设备制造业、电力、热力生产和供应业	0		
宁夏	2001年7月	银川经济技术开发区	产业集聚阶段：大力推进产业结构调整，促进转型升级，“十三五”期间，以项目带动，加快结构调整，以创新驱动，引领产业发展	装备制造、生物医药工程、汽车零部件、石油化工等	8	银川新华百货商业集团股份有限公司	百货、文化用品、体育用品、化妆品、办公用品的批发与零售等
						宁夏建材集团股份有限公司	水泥、水泥制品等的研究开发、生产、销售、技术服务和管理服务等
						宁夏银星能源股份有限公司	风力、太阳能发电及其相关产业的建设与运营管理，电力工程施工总承包等
甘肃	2002年3月	兰州经济技术开发区	2002—2013，“中心—外围”：增容扩区、跨县区 2014年至今，产业集聚阶段：“西进北扩”“一区五园”	医药制造业、有色金属冶炼和压延加工业、现代物流、特色农产品深加工	1	甘肃蓝科石化高新装备股份有限公司	石油化工、天然气、钢铁、电力、海洋、环保、市政、轻工业系统装置工程的设计、制造、安装等

续表

省份	成立时间	特色开发区	开发区发展阶段	开发区支柱产业	区内上市公司数目	主要上市公司名称	上市公司产业
甘肃	2010年3月	金昌经济技术开发区	产业集聚阶段：大力发展工业，并制定“工业强市”战略	化学原料和化学制品制造业、有色金属冶炼和压延加工业、其他制造业	0		
	2010年4月	天水经济技术开发区	产业集聚阶段：目前致力于打造布局集中、用地集约、产业集聚的开发区	食品制造业、医药制造业	2	天水华天科技股份有限公司	半导体集成电路、LED研发、生产、封装、测试、销售，电子产业项目投资等
						天水众兴菌业科技股份有限公司	食用菌、药用菌及其辅料的生产、销售，微生物技术、生物工程技术、农业新技术
云南	2010年6月	曲靖经济技术开发区	绿色发展阶段：资源节约型、环境友好型、结构调整型	有色金属产业，光伏电子产业，石油、煤炭及其他燃料加工业	3	宏驰锌锗股份有限公司	探矿、采矿、选矿、冶炼、化工和科研
						云南云维股份有限公司	化工及化纤材料、水泥、氧气产品的销售，机械，机电，五金等
						云南罗平锌电股份有限公司	锌锭、镉锭、锌精矿、铅精矿、氧化锌粉、金属硅、水力发电等
青海	2000年7月	西宁经济技术开发区	产业定位：积极打造“产业集群”，以新能源和新材料产业为主的两大主导产业绿色发展理念：推进生态循环	医药制造业、金属制品、机械和设备修理业	2	青海春天药用资源科技股份有限公司	冬虫夏草原草系列产品的生产和销售等
						广誉远中药股份有限公司	精品中药“百家千店”工程

资料来源：中国开发区网，筛选依据为西南、西北地区经开区；同花顺，筛选依据为经开区，口径为根据所属概念选择相应上市公司。

2.3 产城融合、绿色发展理念与西部地区第三代开发区

2.3.1 产城融合理论

产城融合是国内学者近年来的研究发现，出现这一提法的主要原因在于对城市化发展中现实问题的探讨和归纳，可以从狭义和广义两个角度来探讨。狭义来看，产城融合是指新城建设中城市与产业的双向平衡，产业是城市的“魂”，城市是产业的载体，产业与城市的平衡发展充分体现集居住、就业、学习、生活、休闲于一体的相对独立的“宜居、宜业、宜学、宜养、宜游”（“五宜”）标准型新城①。广义上看，从老城和新城的产城互促角度提出产城融合发展的实质是：中心化以服务业和制造业集聚的老城，同时在外围形成功能互促、产城互动的和谐型发展城市。

产城融合的实质是协调与可持续发展，其内涵包括有机协调的城市功能、互相联系的基本单元、有序流动的生产要素，产城融合的功能主要体现在其将生态环境作为依托、以现代产业体系作为动力、将生活性和生产性相互融合作为功能关系的多元复合性系统。从系统视角看产城融合是一种动态演变的系统内涵，包括实体要素和虚拟要素两个方面，逐步实现各个要素之间及结构与系统之间的良性互动。

国外学者对于产城融合的解释侧重于产业和城市的协同发展，当地的经济结构会影响城市的发展，城市的发展必须依靠本地的产业结构（Simon，2004），而且城市发展的成功可以被产业结构所“再造”（Glaeser，2005）。国外文献争论的焦点在于市场与政府在产城融合中的作用。大城市的“城市病”如拥堵与污染等市场失灵不只是由于外部性这一单一原因

① 刘欣英．产城融合：文献综述 [J]. 西安财经学院学报，2015（6）.

产生的，也不能简单地通过征收庇古税来解决。Henderson（2000）指出，土地产权明晰程度与中小城市的规模密切相关。

产城融合的另一个关注点是住房问题。城市化进程的关键因素之一是城市居民住房问题的解决，大量居民在城市居住的问题需要依靠外部效应内部化的方法来解决。具体来说，就是对建筑房屋用地的商品房的交易价格进行搜集，以此来判断不同地理环境对不同人群的价值，因此为了创造更好的地区特性所付出的时间与精力对产城融合发挥了巨大的积极影响。由此可见，住房成为协调城市、居民与产业的整体协调发展的重要因素。

从目前的研究结果来看，仍然存在着对产城融合研究较为浅显的问题，只注重对现象的描述，而鲜有对不同阶段产城融合政策着力点的研究。目前研究的主要观点有三个。一是产城融合是居住与就业的融合，核心是使产业结构符合城市发展的定位，尝试通过产业调整服务于城市的功能改造（林华，2011）①。二是产城融合服务于集居住区、工业区和商贸区于一体的相对独立的新城建设，这说明产城融合的目标是以产业区建设促进新城发展（陈云，2011）②。三是产城融合的关键是把产业园区精心打造成城镇社区，以体现通过城市功能建设促进产业区发展的要求（张道刚，2011）③。城镇化发展中城市建设与产业发展的分离，导致城市化效率低下、产业区发展困难。因此，在新城建设、工业园区建设、城镇化进程中必须将“产城共生共荣”的思想贯彻其中。在发展产业的基础上促进城市的发展，反过来将城市发展作为产业发展的基础；同时为避免“空城化”，要使城镇化与非农产业紧密联系，要将城市作为高端产业发展的重要依托。

---

① 林华．关于上海新城“产城融合”的研究——以青浦新城为例 [J]. 上海城市规划，2011(5).

② 陈云．“产城融合”如何拯救大上海 [J]. 决策，2011.

③ 张道刚．产城融合新理念 [J]. 决策，2011.

在产城融合的发展进程中，要将城市功能优化提升和产业机构转型升级完美结合，以此达到通过城市的发展为产业发展提供广阔的市场和丰富的要素，以及通过产业的发展为城市进步提供经济支撑的目的，促进产业发展和城市发展的良性互动。[①]

2.3.2　绿色发展理念

党的十八届五中全会提出创新、协调、绿色、开放、共享“五大发展理念”[②]，将绿色发展作为关系我国发展全局的一个重要理念，作为“十三五”乃至更长时期我国经济社会发展的一个基本理念，体现了我们党对经济社会发展规律认识的深化，将指引我们更好实现人民富裕、国家富强、中国美丽、人与自然和谐，实现中华民族永续发展。[③④]

把生态文明建设放在现代化建设全局的突出地位。保护生态环境就是保护生产力，改善生态环境就是发展生产力，要把生态文明建设融入“经济、政治、文化、社会”建设的全过程，并树立生态观念，完善生态制度、维护生态安全、优化生态环境，形成资源节约型和环境保护型的空间格局、产业结构、生产生活方式等[⑤]，这次大会还系统阐述了推进生态文明建设并提出明确要求。在认识规律的基础上，党的十八届五中全会的《中共中央关于制定国民经济和社会发展第十三个五年规划的建议》提出“五大发展理念”，“五大发展理念”在促进我国发展全局的理念中有着举足轻重的地位。其中，绿色发展理念与其他发展理念相互贯通、相互促进，是我们党关于生态文明建设、社会主义现代化建设认识的重要成果。

---

① 何磊，陈春良．苏州工业园区产城融合发展的历程、经验及启示 [J]. 税务与经济，2015(2).

② 中国共产党第十八届中央委员会第五次全体会议公报 [N]. 人民日报，2015.10.30.

③ 彭博．产业扶持政策对新能源汽车产业发展的影响效应研究 [D]. 广西大学，2019.

④ 王娜．关于新理念的研究 [J]. 经济研究参考，2019（10）.

⑤ 储峰．坚持和发展科学社会主义的典范 [N]. 学习时报，2018.5.9.

形成绿色价值取向。“绿水青山就是金山银山”，指明了生态环境对人类生产力的重要性，对人类社会发展的重要意义。“既要金山银山，又要绿水青山”，说明了生态环境与经济发展应当相互结合，共同进步，任何一方面都是极为重要的；“宁要绿水青山，不要金山银山”，进一步说明了环境对人类社会的重要性，当经济发展与环境保护出现冲突时，应当以环境保护为重。我们应当坚持绿色发展理念，形成绿色价值取向，使保护生态环境与促进经济发展并重。我们要坚定保护生态环境就是保护生产力的信念，坚持改善生态环境就是发展生产力的理念，自觉践行保护生态的箴言，努力推动绿色、低碳、循环发展。

2.3.3 产城融合理论下的西部第三代开发区

21 世纪以来，随着城市的发展，人们对生态环境日益重视。尤其是党的十八大以来，为实现“五位一体”的内涵式发展，产城融合理论成为 2010 年以来各个开发区的指导理论。第一代开发区和第二代开发区在实现产业转型升级的过程中更加关注生态环境和人的发展。2011 年以来西部地区新成立的开发区以“产城融合”作为主要发展战略，见表 2–3。

重庆市于 2016 年设立了重庆自主创新示范区，以“产城融合”为指导思想，充分发挥自身产业、体制、开放优势，着力建设技术创新体系、新型产业体系、制度创新体系和创新创业生态系统，激发市场主体活力，全面推进对内对外开放，优化服务改革，在科技成果转移转化、科研项目和经费管理、新型创新组织培育等方面探索示范。四川 2014 年成立了成都天府新区，将基础设施和生态建设一起进行，完善城市建设，建立宜商宜居的生态型新区。贵州于 2014 年成立贵安新区，以大数据引领电信与数字经济，通过搭建支柱产业框架，提升行政效率，抓住国家对外开放的优势开放服务贸易、逐步完善生态城市功能。陕西西咸新区于 2014 年建立，旨在打造以航空物流、信息服务和高端装备制造为支柱产业的国际化大都市的功能城区，统筹城乡发展的生态田园宜居新区。甘肃在2012年成立了兰州新区，通过推动重点领域改革优化发展环境，加大对绿色金融及绿色产业项目的政策扶持力度，大力发展绿色农业，提高绿色金融政策支持，进行生态文明体制改革，实现生态园林化、园林产业化、产业生态化。宁夏在2013年建立了石嘴山高新技术产业开发区，打造以新材料和先进装备制造业为支柱产业的新型工业园区。云南于2015年建立了滇中新区，该区是以汽车及高端装备、新材料、电子信息和生物医药为支柱产业的新型产城融合示范区。大理经济技术开发区于2014年成立，通过大力招商引资，强化政策支持，实现资本聚集、企业集中，利用区位资源优势发展产业集群及关联产业；以产城融合为指导，着力改善园区发展软硬环境，创新管理体制机制和开发模式，集成发展综合性、创新型城市新城区。

表2-3 2011—2020年我国西部地区开发区的发展

省份	成立时间	特色开发区	开发区发展阶段	开发区支柱产业	区内上市公司数目	主要上市公司名称	上市公司产业
重庆	2016年7月	重庆自主创新示范区	产城融合阶段：充分发挥重庆的产业优势、体制优势和开放优势，着力建设技术创新体系、新型产业体系、制度创新体系和创新创业生态系统，激发市场主体活力，全面推进对内对外开放，优化服务改革，在科技成果转移转化、科研项目和经费管理、新型创新组织培育等方面探索示范	电子信息、医药制造、商贸物流	0		

续表

省份	成立时间	特色开发区	开发区发展阶段	开发区支柱产业	区内上市公司数目	主要上市公司名称	上市公司产业
四川	2014年10月	成都天府新区	产城融合阶段：基础设施与生态建设同步，完善城市建设，建立宜商宜居的生态型新区	现代制造业、高端服务业	9	川大智胜软件股份有限公司	智能交通、软件
						成都市贝瑞和康基因技术股份有限公司	技术开发、技术检测、技术服务、技术转让、计算机软件开发、经济信息咨询（不含中介服务）、销售、仪器仪表等
						台海玛努尔核电设备股份有限公司	能源装备制造；专用机械及成套设备、金属制品的设计、制造以及技术服务等
贵州	2014年1月	贵安新区	产城融合阶段：搭建支柱产业框架，提升行政效率，抓住国家对外开放的优势开放服务贸易、逐步完善生态城市功能	以大数据为引领的电子信息、高端装备制造、数字经济等高科技产业	2	贵州百灵企业集团制药股份有限公司	医药、方便食品、啤酒饮料、广告销售
						贵州红星发展股份有限公司	电子磁性材料、橡胶塑料助剂、天然植物提取

续表

省份	成立时间	特色开发区	开发区发展阶段	开发区支柱产业	区内上市公司数目	主要上市公司名称	上市公司产业
陕西	2014年1月	西咸新区	产城融合阶段：国际化大都市的功能城区，城乡统筹发展，生态田园宜居新区	航空物流、信息服务、高端装备制造	4	陕西炼石有色资源股份有限公司	飞机零部件，航空发动机及其零部件，燃气轮机零部件，无人机及系统，超高温合金的研发、制造、销售、维修及相关技术服务
						陕西兴化化学股份有限公司	化工产品（不含危险品）的生产、销售
						中航动力股份有限公司	飞行器动力装置、燃气轮机及零部件的设计、实验、研制、生产、装配、试车等
	2018年1月	西安航空基地综合保税区	产城融合阶段：产业链条长，关联企业在区内实现货物的快速流转和有效配置，功能先进、协作配套的新型区域发展模式	运输设备制造业、高端装备制造业	0		

续表

省份	成立时间	特色开发区	开发区发展阶段	开发区支柱产业	区内上市公司数目	主要上市公司名称	上市公司产业
宁夏	2013年12月	石嘴山高新技术产业开发区	产业集聚阶段：一流企业落户，产业集群特色鲜明，基础设施日趋完善； 产城融合阶段：科技创新驱动转型项目投入运营，工业低碳发展	新材料和先进装备制造业	2	宁夏英力特化工股份有限公司	电石及其系列延伸产品的生产和销售，聚氯乙烯、烧碱及其系列延伸产品的生产和销售，电力、热力的生产及销售等
						宁夏东方钽业股份有限公司	钽、铌、铍等有色金属及其合金材料、化合物的设计、开发、生产、加工与销售等
甘肃	2012年8月	兰州新区	产城融合阶段：推动重点领域改革优化发展环境，加大对绿色金融及绿色产业项目的政策扶持力度，大力发展绿色农业，提升绿色金融政策支持，进行生态文明体制改革，实现绿色产业集聚效应的生态园林化、园林产业化、产业生态化	农业、医药制造业、汽车制造业	2	兰石重型装备股份有限公司	核电军工、换热器、化工、通用军械等
						兰州三毛实业股份有限公司	规划咨询、咨询评估、工程设计、检测认证、项目管理、管理咨询等咨询服务业务

续表

省份	成立时间	特色开发区	开发区发展阶段	开发区支柱产业	区内上市公司数目	主要上市公司名称	上市公司产业
云南	2015年9月	滇中新区	产城融合阶段：坚持走“以人为本、四化同步、优化布局、生态文明、文化传承”的新型城镇化道路，创新承接产业转移方式和途径，增强产业集聚能力，探索促进产城融合发展的新模式，积极吸纳农业转移人口，加快就地城镇化进程，建立健全有利于人口合理流动的体制机制，有序推进外来人口市民化。创新建设发展与社会管理模式，提升综合承载能力与可持续发展水平	汽车及高端装备、新材料、电子信息、生物医药	2	华能澜沧江水电股份有限公司	国内外电力等能源资源的开发、建设、生产、经营和产品销售，电力等能源工程的投资、咨询、检修、维护及管理服务等
						云南能源投资股份有限公司	盐及其系列产品的开发、加工和销售，化工盐及其系列产品的开发、加工和销售等
	2014年2月	大理经济技术开发区	产业集聚理论阶段：大力招商引资，强化政策支持，实现资本聚集、企业集中，利用区位资源优势特色化发展产业集群及关联产业配套发展； 产城融合阶段：着力改善园区发展软硬环境，创新管理体制机制和开发模式，集成发展综合性、创新型城市新城区	生物制药、绿色食品加工和新材料生产	1	大理药业股份有限公司	生产和销售自产的大容量注射剂、小容量注射剂（含非最终灭菌），中药前处理及提取等

资料来源：中国开发区网，筛选依据为西南、西北地区经开区；同花顺，筛选依据为经开区，口径为根据所属概念选择相应上市公司。

2.4 西部地区主要城市与新区（城）发展情况分析

比较分析 2018 年西部地区主要城市与新区（城）发展情况（见表 2–4），可以发现以下 4 点。

（1）城市规模

建成区面积超过 700 平方千米的城市有重庆、成都、西安等三个城市，分别为 1379 平方千米、932 平方千米和 701 平方千米；建成区面积在 300 ~ 700 平方千米的城市有乌鲁木齐、昆明、贵阳、南宁、兰州等五个城市，分别为 436 平方千米、435 平方千米、360 平方千米、372 平方千米、322 平方千米；呼和浩特、银川、西宁三个城市的建成区面积在 300 平方千米以下，分别为 260 平方千米、170 平方千米和 129 平方千米。

（2）人口规模

人口规模千万级别的城市有三个，分别是重庆、成都和西安，人口规模分别为 3124 万人、1633 万人和 1001 万人；而兰州、呼和浩特、银川和西宁 4 个城市的人口规模小于 400 万人。

（3）GDP 发展水平

重庆和成都是万亿级俱乐部成员，银川和西宁等城市的 GDP 总量则低于 2000 亿元。进一步从第三产业发展水平来看，超过万亿元的城市只有重庆市，而低于 1000 亿元的城市有银川和西宁。

（4）产业结构、支柱产业和上市公司数量

重庆、成都、西安等城市相继建成了相对发达的支柱产业体系，而兰州、乌鲁木齐、银川、西宁等城市则面临着传统优势产业式微的局面，需要引起重视。

表 2-4　2018 年西部地区主要城市发展情况统计

城市	GDP（亿元）	常住人口（万人）	城市规模（平方千米）	工业产值（亿元）	第三产业值（亿元）	代表性开发区	支柱产业	上市公司数	代表性企业
西安	8350	1001	701/10752	1874	5165	西安经济技术开发区、西安高新技术产业开发区	汽车专用通用设备、新材料，半导体、智能终端、装备制造	37	隆基股份、陕西煤业、航发动力
兰州	2733	375	322/13192	646	1752	兰州经济技术开发区、兰州高新技术产业开发区	装备制造、有色冶金、生物医药，生物医药、电子信息、新材料、新能源	20	方大碳素、祁连山、ST 银亿
银川	1901	225	170/9491	622	967	银川经济技术开发区、银川高新技术产业开发区	装备制造、新材料，羊绒及亚麻纺织、食品、再生资源循环利用	8	宝丰能源、商赢环球
西宁	1286	239	129/7679	299	772	西宁经济技术开发区	机械加工、特色资源开发、中藏药	9	西部矿业、智慧能源
乌鲁木齐	3060	351	436/14216	730	2084	乌鲁木齐经济技术开发区、乌鲁木齐高新技术产业园区	先进制造、商贸物流，新材料、电子信息、生物医药	31	申万宏源、金风科技、渤海租赁
昆明	5207	685	435/21473	1267	2947	昆明经济技术开发区、昆明高新技术产业开发区	装备制造、生物医药、食品饮料，生物医药、新材料、装备制造	25	云南白药、红塔证券

续表

城市	GDP（亿元）	常住人口（万人）	城市规模（平方千米）	工业产值（亿元）	第三产业值（亿元）	代表性开发区	支柱产业	上市公司数	代表性企业
重庆	20363	3124	1379/82403	5998	10656	重庆经济技术开发区、重庆高新技术产业开发区	电子信息、装备制造，气模、电子及通信设备、新材料	53	智飞生物、渝农商行、长安汽车
成都	15343	1633	932/14335	5664	8304	成都经济技术开发区、成都高新技术产业开发区	汽车、工程机械、食品饮料，信息技术、装备制造、生物	81	通威股份、川投能源、科伦药业
呼和浩特	2904	313	260/17186	588	1994	呼和浩特经济技术开发区、呼和浩特金山高新技术产业开发区	食品、电力、生物医药	5	伊利股份、生物股份
贵阳	3798	488	360/8043	875	2232	贵阳经济技术开发区、贵阳高新技术产业开发区	装备制造、大数据、医药，装备制造、电子信息、生物医药 / 乳产品、化工	20	贵阳银行、中天金融、贵州燃气
南宁	4027	453	372/22112	780	2380	南宁经济技术开发区、南宁高新技术产业开发区	生物制造、轻工、食品、机电，电子信息、生命健康、智能制造	14	桂冠电力、润建股份、广西广电

数据来源：《中国统计年鉴 2019》及 Wind，前 5 列数据为 2018 年的统计数据。其中，城市规模分为建成区面积和总面积。

2.5 本章小结

中国自 20 世纪 80—90 年代开始设立开发区，共经历了 3 代开发区，不同阶段也衍生出不同的城镇化发展理论。伴随着第一代高新技术开发区，以 Krugman 和 Fujita 为代表的“中心—外围”理论指导着中国高新技术开发区的发展，该理论认为交通成本是开发区产业分工和发展的关键因素；随着交通运输业的发展，以产业集聚为核心的城镇化发展理论指导着中国第二代开发区的发展，某一类产业聚集在一个地理空间的现象在各地涌现，也出现了一大批以产业为基础的经济开发区；随着人们生活水平的提高，城市的发展更加关注生态环境和人本导向，产城融合理论成为中国第三代生态开发区的指导理论，各地同样出现了以绿色为主题的生态区，与此同时，中国的第一代开发区、第二代开发区在产业高度发展的基础上更加关注人本主义和生态环境，实现开发区高质量发展。

第三章

产城融合的发展模式和促进动能

在系统梳理城镇化理论和区域经济发展理论的基础上，本章着重指出，现阶段产城融合理论是现阶段西部地区新区（城）的指导理论和政策依据。本章着重从城镇化和工业化的辩证关系方面，分析城镇—工业二者发展的理论逻辑及融合路径，并系统梳理产业与城市融合的发展模式及主要促进动能。

3.1 城镇化与工业化的辩证关系

城镇化与工业化是两个既有联系又有区别的概念。中国城镇化的典型事实是超前城镇化，城镇化超前发展事实上对实体经济产生了巨大的“挤出效应”，资本遵循“逐利定律”（Profit Seeking Diagram），追逐高利润，大量的资本“涌向”房地产市场，造成实体经济“空心化”和房地产市场“虚拟”繁荣。

那么工业化究竟是促进还是抑制了城镇化？潘锦云等（2014）认为只有把握好中级水平的工业化和城镇化同步发展关系，处理好产城融合发展新理念对城镇化和工业化提出的新要求，协调好城镇化和工业化在新“四化”中的作用，才会在同步推进城镇化和工业化过程中实现产城融合发展。①

① 潘锦云，姜凌，丁羊林．城镇化制约了工业化升级发展吗？——基于产业和城镇融合发展的视角 [J]. 经济学家，2014（9）.

3.1.1 畸形的城镇化与工业化发展的理论逻辑与路径

城镇化与工业化发展失调后，易造成畸形，见图 3-1。由城镇化到工业化升级，有一个“诱发—引致—制约”的理论逻辑，具体如下。第一，城镇与产业分离，拖累新型工业化。在欠发达城市，尤其是三线、四线和五线城市，人为造城现象比较严重，“鬼城”“睡城”现象的出现便是明证。第二，房价地价齐升，吞噬工业资本。城市房价过高，甚至“房地产泡沫”的形成，跟盲目推动城镇化密切相关。第三，城乡二元户籍制度约束农民工进城，增加了工业化成本。农民工户籍难，导致“三农”问题难解决，出现了所谓的“半城镇化”，首要问题是农民工“候鸟式”的迁徙导致工业成本提升，其次是农民工难以在城市买房，难以享受城市公共物品和服务，尤其是优质的医疗和教育。

综上，畸形的城镇化“诱发”人才匮乏、投资偏颇，有形空间藩篱引致区位劣势，发展路径单一，经济结构失衡；畸形的城镇化“引致”创新滞后、成本升高、产城分离、“四化”异步及发展低效，进而“制约”了工业化升级。因此，西部地区在新区（城）建设过程中要有效规避畸形的城镇化与工业化发展路径。

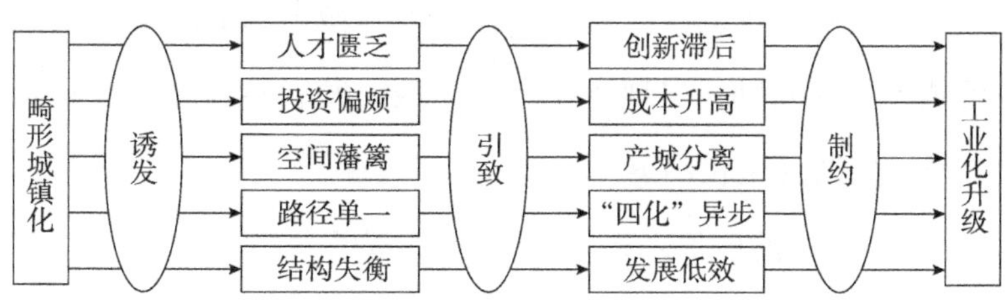

图 3-1 畸形城镇化与工业化发展的理论逻辑

3.1.2 互助型城镇化与工业化发展的理论逻辑与路径

互助型城镇化与工业化是一种协调发展的模式，见图 3-2。工业化发展需要大量的优质人力资源、市场空间、地理位置和完善的公共服务，工业化发展为城镇化提供“产业人口”、财政税收、消费需求，为城镇人口提供“宜业”的条件；城镇化的发展可以为工业化提供公共服务，以及“宜居、宜养、宜学、宜医”等的条件。因此，城镇化和工业化要进行有效耦合，形成城镇化与工业化的良性互助，实现城镇和工业的市场均衡。

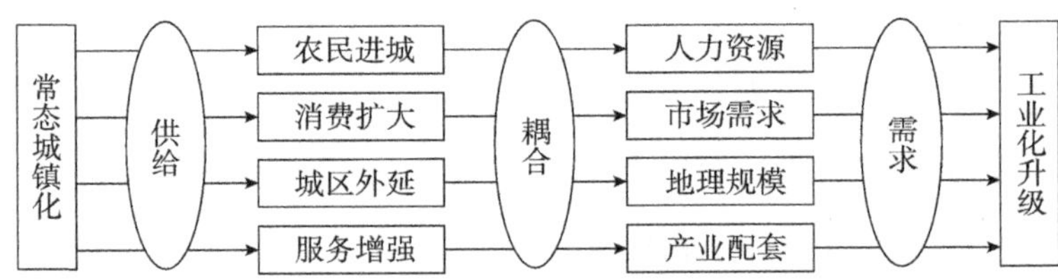

图 3-2 互助型城镇化与工业化发展理论逻辑

3.2 产城融合的发展模式

3.2.1 “产业优先—产城互促—产城融合”模式

传统的产业布局规划容易忽视产业发展与城市功能的协同，存在“重产业、轻城市”的问题，出现产业布局与城市发展不匹配，产业空间与城市空间分割、离散甚至相冲突。

从国内外开发区的现状来看，影响产业布局的主要因素可以分为五类：科学技术要素、成本要素、服务要素、特色资源要素、生态资源要素，见表 3-1。

科学技术要素是第一生产力，在开发区以技术聚集型群落形式出现。起主导作用的不是单项技术，而是由多种新技术交叉和融合而成的科技群落。孕育这些科技群落的载体称为科学技术要素，如大学、科研院所、实验室等，这些是主要创新部门，而高新技术产业是以创新为核心动力的行业门类，如高新技术产业及战略性新兴产业的研发、中试、孵化及培育等。

服务要素是指专业化人力资本和知识资本高度集聚的空间要素，一般以发达的中介机构为代表，如各类基金公司、证券公司、会计师事务所、法律咨询机构等，能高效地实现产业与市场的结合，日益形成服务要素导向型产业。

成本要素是指城市发展中影响企业成本的关键因素，如土地成本、人力资源成本等。

特色资源要素指的是城市的资源禀赋，是后天形成的独特资源优势，如交通资源、地理位置、基础设施等。

生态环境要素是自然资源和环境因素。注重绿色发展和生态环境保护是当前高质量发展的内在要求。要结合产业布局需求、人本主义要求，实现环境保护和产业发展的双赢。

表 3–1 资源要素、产业特征和开发区模式

<table>
<tr><th colspan="2">要素名称</th><th>要素内涵</th><th>吸引的产业特征</th><th>开发区模式</th></tr>
<tr><td colspan="2">科学技术要素</td><td>大学、实验室、科研院所</td><td>创新为核心动力</td><td>高新技术产业开发区</td></tr>
<tr><td colspan="2">服务要素</td><td>交通便捷、潜在客户集聚</td><td>服务供给质量与便利程度</td><td>金融等中介服务、文化创意产业</td></tr>
<tr><td colspan="2">成本要素</td><td>租金低廉，劳动力成本低</td><td>价格优势</td><td>制造业</td></tr>
<tr><td rowspan="3">特色资源要素</td><td>交通区位</td><td>交通枢纽</td><td>产品和服务的时效性强</td><td>专业物流与商贸会展</td></tr>
<tr><td>特殊政策</td><td>各类特殊政策</td><td>需要特殊政策许可</td><td>保税物流，服务外包等</td></tr>
<tr><td>历史文化</td><td>历史文化资源聚集区</td><td>依托历史文化资源</td><td>文化创意、文化特色旅游等</td></tr>
<tr><td colspan="2">生态资源要素</td><td>城市内部大型生态板块</td><td>产业环境友好度高</td><td>生态、环境产业区</td></tr>
</table>

因此，结合图 3–3，可以将城市空间分为五类和“扇形”与“多核心”两种模式。结合城市不同发展阶段和产业特点，将城市功能区分为中心区、过渡区、产业园区、特色资源区和生态保护区五类。中心区是城市的核心，要发挥中心区的核心优势，发挥过渡区产业的“融合发展、城市提质”作用，促进特色资源区的产业对城市的“强化优势、塑造特色”的作用；发挥生态保护区的“生态保育、城市安全”的作用，合理规划，紧密分工、高效合作，以城市促进产业升级，以产业带动城市转型，通过“产城互促”达到“产城融合”。

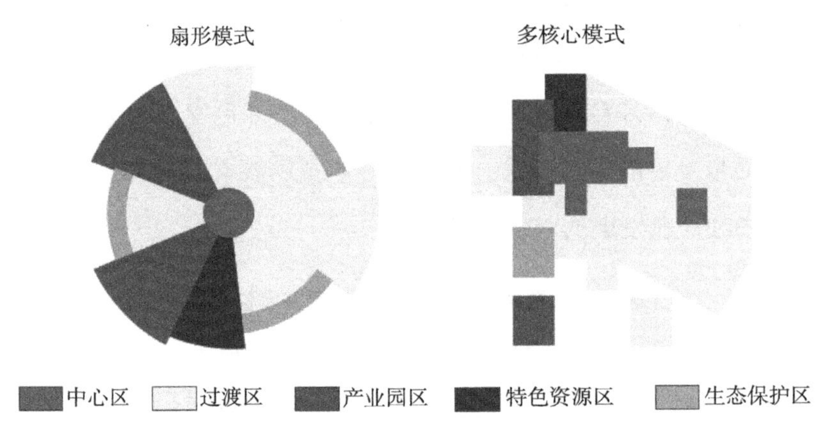

图 3–3 产城互促—产城融合的模式

3.2.2 “人本导向—功能融合—结构匹配”模式

李文彬、陈浩（2012）① 总结了转型发展期开发区“产城融合”的内涵，认为人本导向、功能融合和结构匹配是产城融合的主要内容和特点。结合开发区发展的特点可以将开发区发展分为成形期、成长期和成熟期

① 李文彬，陈浩．产城融合内涵解析与规划建议 [J]. 城市规划学刊，2012（7）.

（见图 3–4）。成形期一般为 0 ～ 5 年，主要秉持“以外资为主、以新技术为主、市场以外资为主”的“三为主”为发展宗旨，主要特点是以工业为主导，规模偏小，产业发展速度快，区域关系很松散。成长期是从工业区向综合功能区转变的阶段，开发区完成了资本初始积累，以高新技术为主导的产业结构开始带动周边产业的发展与产业结构的升级，城市面积扩大，生产性服务业和生活性服务业开始发展，各类服务设施逐渐完善，但这个时期仍以产业发展为重点。成熟期开发区逐渐转变为产城融合发展的新城区，成熟期开发区的发展主要依靠体制优势和制度创新。[①]

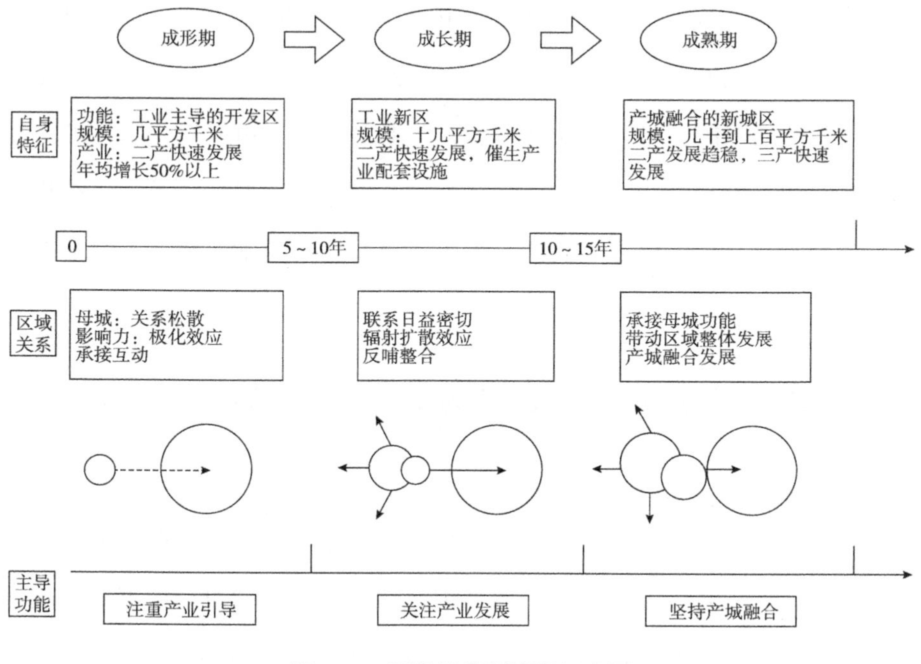

图 3–4　开发区发展历程示意图

① 李文彬，陈浩 . 产城融合内涵解析与规划建议 [J]. 城市规划学刊，2012（7）.

表 3-2　不同产业类型的空间与就业差异

产业类型	产业门类	空间规模	就业人群规模	就业人群结构
资金密集型	装备制造、石化、机械等	大型企业主导，用地规模大，且空间完整	就业密度较低，6 万 ~ 7 万人 / 平方千米	人群结构较为多元
劳动密集型	电子信息、服饰加工、食品制造等	中小企业主导，用地空间相对灵活	就业密度高，4000 ~ 6000 人 / 平方千米	以普通技工为主，收入较低
技术密集型	研发创新型企业、高技术企业	中小企业主导，研究所，用地空间较灵活	就业密度差异大	以高级技术人员、高素质人群为主，收入较高

资料来源：李文彬，陈浩．产城融合内涵解析与规划建议 [J]. 城市规划学刊，2012（7）。

这种发展模式的产城融合的主要内涵包括三部分：第一，人本导向，在产业发展成熟期，关注就业人群和居住人群结构的匹配，关注资本需求和空间生产的匹配；第二，功能融合，产业升级与城市发展要求生产空间与生活空间紧密联系，要求功能融合与空间融合统筹发展；第三，结构匹配，产城融合发展的核心是就业结构与人口结构的匹配，居住与就业的融合。①

3.2.3 “产城分离—各自为政—边缘融合—产城融合”模式

欧阳东等（2014）认为产城融合是推进新型城镇化与工业化的基本战略，但并非新事物。产城融合的基本内涵可以界定为“以产促城，以城兴产，产城融合”，即以现代产业体系为驱动，将居住、商业、生态、文化、休闲、娱乐、创新、公共管理与公共服务等生产性和生活性服务有机融入

① 李鑫．国家级开发区产城融合发展问题研究 [D]. 江西财经大学，2017.

园区发展，形成多元功能复合共生的新型产业园区乃至新城区。[①]

根据生命周期理论，产业园区发展可以分为初创期、成长期、提升期、成熟期、衰落期。在初创期，表现为产城分离，建设时间为 3 ~ 5 年；成长期表现为“各自为政”，建设时间为 5 ~ 10 年；提升期表现为边缘融合，建设时间为 10 ~ 20 年；成熟期表现为产城融合，建设时间在 20 年以上；最后是衰落期，很多城市随着产业枯竭进入衰落期。

产城融合是新型城镇化与工业共同推进战略的结果，见图 3–5。基于对产城分离的矛盾及其作用因素的透视，可以发现产业园区产城融合的发展要经历“产城分离—各自为政—边缘融合—产城融合”等阶段路径，[②] 根据上述产业园区生命周期理论，产城融合的策略与路径主要有定位契合、产业聚合、功能复合、结构耦合、人文融合和设施调和。

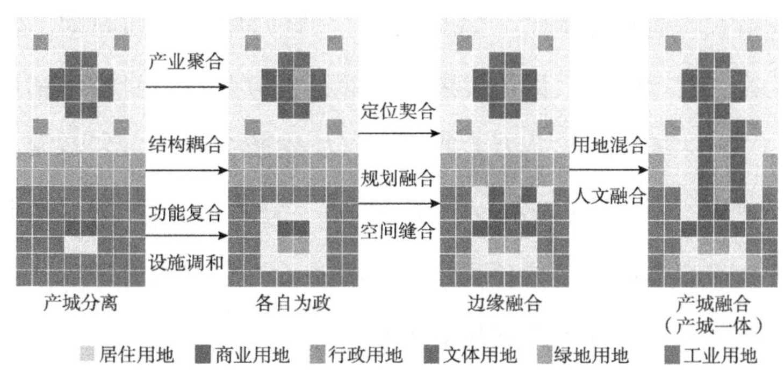

图 3–5 产城融合发展路径解析示意图

资料来源：欧阳东，李和平，李林，等 . 产业园区产城融合发展路径与规划策略——以中泰崇左产业园为例 [J]. 规划师，2014（6）。

① 欧阳东，李和平，李林，等 . 产业园区产城融合发展路径与规划策略——以中泰崇左产业园为例 [J]. 规划师，2014（6）.

② 同上。

3.3 产城融合的促进动能

3.3.1 产业引导

引入和发展适宜产业、特色产业和优势产业，逐步达到“产城融合”。①因地制宜，围绕自身优势和特色，做好产业规划，在“宜”“特”“优”上做好做足文章。新城新区由于资源禀赋、地理位置、区域职能、功能定位、现状基础以及发展条件等各不相同，其产业定位也不可能完全一致。成功的产业规划一定是对自身条件进行全面、客观、深入的研究和分析，基于自身独特的市情区情，并结合区域职能分工而做出的，绝不可秉持“拿来主义”简单复制别人的成功模式，或是执行未经调研而下达的行政指令，这也是一些新城新区发展中存在的误区。产业结构选择应坚持“宜农则农”“宜工则工”“宜商则商”“宜游则游”的原则，发展适合自身条件的产业。同时，即使发展同产业，也应坚持自身特色和优势，只有这样，产业对新城的推动力才能持久。如旅游资源丰富的新城，应多考虑开发旅游业，而不应过多引入工业项目。另外，同样发展旅游业，应多考虑开发一些有本地特色的项目，如农业旅游、生态旅游等。②避免“有产无城”现象，建设和完善新城其他功能空间。城市规划、土地利用规划应与产业规划相协调，为配建完备的公共服务设施、基础设施、居住、办公、商业、休闲等预留空间，再通过分步建设，最终达到“有产有城”“产城融合”的状态。以产业引导开发的新城新区，既然称为“新城”“新区”，就必须有一定规模，发展产业以外的其他功能空间十分必要，这也是吸引产业和人口的必要条件。

3.3.2 政策引导

因地、因时、因势施政用策，推动新城健康发展。①政策的出台，需要进行科学全面的调研和可行性论证，充分考虑供需关系和市场条件。新城政策一般是由政府颁布的，其出台应基于对市场和计划两种手段的了解和把控，特别要把握好供需关系。应用于国内新城新区的各种政策，有时行政性偏强，而市场性偏弱，“拍脑式”决策时有出现。这种政策无法有效调动和配置市场资源，不能解决供需矛盾，以政策推动开发的功能就会削弱甚至丧失。比如一些新城沦为“鬼城”，就是因为政策导向失误，房地产过度开发而导致的。②充分考虑并结合当前国际国内形势，制定和调整相关政策。政策具有很强的时效性，应根据形势发展适时调整。当前，应对气候变化和可持续发展已成为国际社会关注的重点领域，经济全球化和“一带一路”倡议已得到世界各国广泛认可。从国内来看，节能环保、绿色低碳、智慧化运营管理、创新驱动等已成为各界关注的热点。在这种形势下，新城新区政策应与此紧密配合，顺势而为，这样才会增强政策自身引导力和办事效率。③避免政策“打架”，政府各部门出台的政策应相互协调、相互配合，形成合力。新城新区管理机构应统筹协调政府各部门，理顺其责、权、利关系，保障相关政策的一致性、协调性和连续性。

3.3.3 设施引导

坚持设施先行的开发原则，多渠道融资，加强建成后的运营管理；统筹建设绿色基础设施和传统设施。①在新城开发建设中，“设施先行”原则已被业界普遍接受，但问题的关键是资金。由于新城建设涉及的资金数额巨大，光靠政府投入难以维持，探索市场化的融资渠道才是长久之计。公私合作（PPP）是一种有效的融资及管理模式，为中外许多新城项目所采用，它可以有不同的操作方式。该模式如能合法、合规、合理运用，就能整合各种社会资源用于新城新区建设，达成政府、企业、民众三方共赢的局面。但在我国现行体制环境下，PPP 模式应用时间不长，其本身操作又具复杂性，尚存在风险和缺陷，需要不断完善相关监管机制，总结运营经验。值得一提的是，如采用 PPP 模式，由企业负责建成后管理与运营，就可能提升设施的运营效率，在一定程度上改变过去“重建设、轻管理”的局面。②应将绿色基础设施建设与传统设施建设结合起来。“绿色基础设施”，是相对于传统基础设施如交通、市政设施等“灰色基础设施”以及医院、学校等“社会基础设施”提出的。它是指一个相互联系的绿色空间网络，由各种敞开空间和自然区域组成，包括绿道、湿地、雨水花园、森林、乡土植被等，是城市自然生命支持系统的关键。绿色基础设施能为城市提供绿色空间、保护水源、改善空气质量、减小雨洪影响和绿岛效应、增强城市宜居度、提高城市对外来投资的吸引力、增加城市活力。相对于传统设施，绿色基础设施投资较少、产生的生态效益却很大，且与我国当前加强环境保护的战略方向一致。规划师在规划阶段，应统筹考虑绿色基础设施建设与传统设施建设。

3.3.4 功能引导

以供需定功能，从单一功能逐步发展为多重功能。①功能统携新城发展，决定发展路径和策略，影响政策方向和设施布局。科学的功能设置，应基于供需关系，经严谨的科学论证而作出。在科学性、严谨性要求上，“功能”与“政策”十分相似，因为两者本身具有较强的内在联系。中国新城新区的功能，往往在城市总体规划中就已明确，而城市规划又是重要的公共政策；反之，功能也可以被看作一种目标性政策。两者相互依存，关系密切。另外，对供需关系的考量也是十分必要的。如果一个新城意在打造区域性创新产业基地，就应具有创新产品的研发和生产能力，并拥有区域内外广阔的市场需求和销售渠道。②新城在成长阶段，可以专注于某一具体功能（如居住），并整合各种资源实现此功能。如能成功，那么新城建设也就取得了阶段性成果，其价值也会得到阶段性体现。随着新城开发的继续深入，会产生新的需求，城市也会以发展多重功能的形式，不断整合并满足这些新需求。概言之，从单一功能逐步发展为多重功能是可行的，但须为这些功能预留足够的空间。

3.4 本章小结

本章系统梳理了产城融合的基本发展模式和促进动能。城镇化与工业化是两个既有联系又有区别的概念。中国城镇化的典型事实是超前城镇化，城镇化超前发展事实上对实体经济产生了巨大的“挤出效应”，资本遵循“逐利定律”（Profit Seeking Diagram）追逐高利润，大量的资本“涌向”房地产市场，造成了实体经济“空心化”和房地产市场“虚拟”繁荣。所以，只有把握好工业化和城镇化同步发展的关系，处理好产城融合发展新理念对城镇化和工业化提出的新要求，协调好城镇化和工业化在新“四化”中的作用，才能在同步推进城镇化和工业化中实现产城融合发展。就当前情况看，产城融合发展的实践主要有三种发展模式。第一种是“产业优先—产城互促—产城融合”模式。这种模式主要是基于解决传统的产业布局规划“重产业、轻城市”，导致产业布局与城市发展需求不匹配，产业空间与城市空间分割、离散甚至相冲突的问题。第二种是“人本导向—功能融合—结构匹配”模式。这种模式将开发区建设分为成形期、成长期和成熟期。成形期的主要特点是以工业为主导、规模偏小，产业发展速度快，区域关系较松散。成长期是从工业区向综合功能区转变的阶段，开发区完成了资本初始积累，以高新技术为主导的产业结构开始带动周边产业的发展与产业结构的升级，城市面积扩大，生产性服务业和生活性服务业开始发展，各类服务设施逐渐完善，但这个时期仍以产业发展为重点。成熟期开发区已经由产业功能主导逐渐转变为产城融合发展，成熟期开发区的发展主要依靠体制优势和制度创新。第三种是“产城分离—各自为政—边缘融合—产城融合”模式。这种模式划分的依据是产业园区生命周期理论，将产城融合的策略与路径分为定位契合、产业聚合、功能复合、结构耦合、人文融合和设施调和等多个环节。产城融合发展既要充分体现市场在资源配置中的决定性作用，也要很好地发挥政府职能。推动产城融合发展的动能，主要是产业、政策、设施和功能四个方面的协同发力。

第四章

产城融合的评价指标体系设计

结合产城融合理论及其相关驱动因素，本章梳理现有文献及相关政策文件对产城融合指标设计及产城融合测度方法。结合西部地区新区（城）发展的特点，本章从“人本导向”“产业支撑”“功能融合”三个维度设计西部地区产城融合的评价指标体系。

4.1 产城融合的评价指标体系分析

李豫新和张威振（2018）以新型城镇化视角，运用熵 TOPSIS 模型基于指标体系对西北五省区产城融合发展水平进行综合评价，发现在产城融合的发展过程中，对产城融合的推进起主要作用的是人的发展和产业的发展，但是城市的发展起到的作用十分有限。[①] 张巍等（2018）在 14 个影响产城融合的主要因素中，通过 MICMAC 分析法来确定相关影响因素的驱动力和依赖性，结果表明，对产城融合影响最大的是制度环境，但是城市的公共服务和生态环境是最直接的因素。[②] 甘小文、毛小明（2016）运用灰色关联法和层次分析法对包括以空间、要素和功能融合为视角的指标进行了评价。郑宝华、朱佳翔（2016）运用物元可拓法对苏南的高新区和苏州工业园区以经济发展、产业结构优化、可持续发展水平等五个指标进行了

① 李豫新，张威振 . 新型城镇化视角下产城融合发展水平研究 [J]. 商业经济研究，2018（1）.

② 张巍，刘婷，唐茜，王勤 . 新城产城融合影响因素分析 [J]. 建筑经济，2018（5）.

评价。[①] 杨立勋和姜增明（2013）运用耦合协调度理论对我国内地 31 个省区市 2003—2011 年的产业结构与城镇化之间的匹配协调性进行了测度并分析了其对经济效率的影响，发现匹配协调度最高的是东部地区，其次是中部地区，西部地区最低。[②] 石忆邵（2016）认为产城融合是一个空间融合体系，包括生产、生活和生态功能；也是一个区域创新网络系统，是依靠交通和土地等要素，产业、企业、城镇和人相互作用而形成的。他运用主观赋权法对产业发展的支撑性等进行定量评价，结果显示张江核心园区和漕河泾园区的产城融合度不断上升，前者属于基本融合类型，后者属于良好融合类型。[③]

颜丙峰（2017）指出人本导向、功能融合、空间整合、结构匹配、机制健全等成为新常态下产城融合发展的新理念。他通过实证发现山东省在产城融合发展上取得了显著的效果，但是地区间差异较大。[④]

黄敦平等（2018）认为产城融合是一种新发展理念，将产业与城市功能进行空间整合，让产业融入城市，城市更好地服务于产业，最终实现“产、城、人”三者融合。他们基于因子分析方法从城镇化质量、城市的发展水平以及产业的高端化水平三个角度评价了安徽 16 个地市的产城融合发展水平。他们又采用聚类分析将安徽各地市划分为高度融合、中度融合、低度融合和基本分离四种类型，为制定促进安徽产城融合发展政策提供理论参考。[⑤]

梁学成（2017）运用定性与定量相结合的分析方法，以西安曲江新区为例，论证了城市建设过程与产业园区之间有正向及融合互动发展的关

① 郑宝华，朱佳翔 . 国家自主创新示范区产城融合度评价 [J]. 统计与决策，2016（18）.

② 杨立勋，姜增明 . 产业结构与城镇化匹配协调及其效率分析 [J]. 经济问题探索，2013（10）.

③ 石忆邵 . 产城融合研究：回顾与新探 [J]. 城市规划学刊，2016（5）.

④ 颜丙峰 . 产城融合发展的现实考量与路径提升——以山东省产城融合发展为例 [J]. 山东社会科学，2017（5）.

⑤ 黄敦平，郭寅，徐馨荷 . 安徽产城融合发展水平综合评价研究 [N]. 安徽理工大学学报（社会科学版），2018（6）.

系，还指出了城市建设和文化产业园区的直接与间接影响因素，以及两者之间的影响程度。[①]

现有文献的部分产城融合指标如表 4–1 所示。

表 4–1 现有文献的部分产城融合指标

作者	评价目标	评价指标
高刚彪[②]	经济、政策、空间、环境	上位规划及相关政策、GDP 指标、交通组织、设施配套、绿色空间、居住、工业等 26 个指标
苏林等[③]	经济发展、创新活动、园区配套、城市化水平	经济规模与效率，利润与税收、资产与负债、国家级科技企业与科技创新、基础设施建设、环境保护、社会文化事业、园区安全等 15 个指标
王霞	高新区工业发展、城镇化发展产城融合指数	科技活动产出与创新服务，经济规模与效率，社会公共事业、文化教育与卫生、科技与创新能力、资产与负债、文化与活动、人才结构、基础设施建设、环境保护、工业化与社会城镇化、产业化与人口城镇化等共 13 个指标
王菲[④]	产业集聚区产城融合发展程度	人均 GDP、财政收入、单位 GDP 耗能、广义工业化指数、研发投入强度、就业人口平均受教育年限、社区卫生服务机构覆盖率、社区教育机构覆盖率、人均公共绿地面积、人均居住面积、人均拥有道路面积、公交出行比例等 12 个指标
唐晓宏[⑤]	产业发展水平、人口融合状况、空间融合程度、城市功能融合	开发区产业发展指数、园区就业密度、职工落户比例、通勤便利程度、医疗教育设施满意度、休闲娱乐设施满意度、居住环境质量满意度共 38 个指标
汪洋，景亚萱[⑥]	产城融合测度及其协同	产业发展水平，城市建设与服务水平，人的发展

① 梁学成 . 产城融合视域下文化产业园区与城市建设互动发展影响因素研究 [J]. 中国软科学，2017（1）.

② 高刚彪 .“产城融合”视角下产业集聚区空间发展研究——以商水县产业集聚区为例 [D]. 郑州大学，2011.

③ 苏林，郭兵，李雪 . 高新园区产城融合的模糊层次综合评价研究 [J]. 生态经济，2014（6）.

④ 王菲 . 基于组合赋权和四格象限法的产业集聚区产城融合发展评价研究 [J]. 生态经济，2014，30（3）.

⑤ 唐晓宏 . 基于灰色关联的开发区产城融合度评价研究 [J]. 上海经济研究，2014（6）.

⑥ 汪洋，景亚萱 . 粤港澳大湾区城市群产城融合测度及其协同策略研究 [J]. 工程管理学报，2019，33（3）.

4.2 西部地区产城融合指标体系设计

政府追求的产城融合一般包含三层含义：一是城市功能与新区产业发展同步，成为功能完整的城市新区；二是城市新区产业的布局与整个城市未来的发展定位相吻合，符合城市发展规划的性质或者代表国内未来一个时期的优势产业；三是城市新区发展与老城区发展有机融合，一方面可以缓解老城区的交通压力，另一方面可以具有新时期现代都市的特征，最终实现新老城区的共同发展。前两个层次中产城融合的“产”主要是产业的概念，包括第一、第二和第三产业，尤其是第二产业的竞争力及其辐射带动作用与第三产业的社会服务功能能否达到产业自身与城市新区、整个城市的融合。后一个层次中产城融合中的“产”是指产业聚集区，是一个区域概念，主要是新城区与老城区的融合。①

西部地区劳动力资源和自然资源丰富，但长期以来缺乏足够的知识、资本、技术等高级生产要素。由于没有高级生产要素的支撑，在推进城镇化的过程，中西部地区面临很多困境。首先，城市缺乏与之相配套的基础产业，这是盲目扩大城市面积而轻视轻产业而造成的，导致城市发展动力不足；其次，目前还处于工业化中前期，对农村剩余劳动力的再就业问题处理能力有限，而且产业基础也相对弱，因此，产业对城市发展的促进作用有限；再次，产业的发展与城市的发展脱节，由于城市的基础设施建设及公共服务落后，因此对产业的承载能力受限；最后，因为城乡居民收入差距较大，而市民化的成本较高，所以对于农民来说，去城市生活压力巨大，这给城市产业的发展和消费的升级带来了巨大的挑战，也对推进产城融合产生了巨大的障碍。在新型城镇化视角下规划产城关系时，要始终坚

① 牛晓羽 . 城市新区的产城融合 [D]. 城市建设理论研究，2014（8）.

持以人为本的理念，这样才能促进区域经济的发展，才给产城融合带来促进作用。[①]

4.2.1 西部地区产城融合指标体系设计原则

产城融合发展模式主要有五个特征，即功能复合、配套完善、职住平衡、布局融合和绿色交通。[②] 因此，在设计指标时充分考虑以下五个方面。

一是功能复合，指的是能够将居住、生产、休息和交通等功能有效地复合在一起，以此来实现一体化的发展。

二是配套完善，即将生活和生产配套设施在规划的时候就规划在产城一体单元中。比如更高层级的服务水平可以纳入服务行业中，而这在进行生活区规划的时候就应当考虑，以此促进更为完善的配套设施的建设。

三是职住平衡，指的是生活和工作在一个空间范围内保持平衡的状态，职住平衡不但可以为城市节约交通等多方面的成本，而且可以促进城市的低碳、环保、绿色发展。

四是布局融合，即首先要合理地规划生产功能，然后对不同的功能要结合生活习惯和生态规划，合理规划城市的用地布局和空间结构，使各种不同的功能无缝衔接；还要促进周边地区的可持续发展，让城市的中心城区和新区联动发展。

五是绿色交通，指的是选择合适的交通方式。如在城市外部，以快速公交、地铁等公共交通方式为主；而在城市内部可以将步行以及自行车等作为首选，这样，工作和生活出行距离大大缩短，出行的时间也会相应减少。

---

① 李豫新等．新型城镇化视角下产城融合发展水平研究——以西北五省区为例 [J]. 商业经济研究，2018（1）.

② 王秀明．城市新区产城融合发展模式与实现路径研究 [J]. 建材与装饰，2019（16）.

4.2.2 西部地区产城融合指标体系构建

在新型城镇化产城融合发展理念的指导下，本课题在衡量产城融合发展水平时使用产城融合度的概念。通过比较已有文献，得到西部地区产城融合指标体系。

（1）人的发展

产城融合的最终目标是推动人的发展，人的发展可用收入消费、就业、教育、居住等方面的二级指标来衡量。职工平均工资、人均可支配收入、人均社会消费品零售额可以用来衡量收入消费水平，简单来看，平均工资与可支配收入越高，消费水平也就越高，说明城市发展水平较高。就业质量用失业率、养老保险参保率、第二三产业从业人口比重来衡量，产业发展越好，失业率越低。以人均地方财政教育事业费支出、每百万人中学生数量（包含初中与高中）、每百万人大学生数量、中高级职称人员比重来量化教育水平，更高的教育水平有助于产学研结合，带动高科技产业发展。以人均居住用地面积、人均住宅投资额、人口密度用来量化居住质量，高质量的居住环境来自城市较好的规划和发展。

（2）产业的发展

产业发展带动就业与人的发展，城市会更有活力。GDP 指标、税收与利润、产业结构、科技创新用来衡量产业的发展。人均 GDP 与地均 GDP 来细化 GDP 指标，人均 GDP 是城市发展中每个人创造的 GDP，而地均 GDP 是城市的土地所创造的 GDP，反映产业集聚程度。以人均税收收入、人均规模以上工业利润收入来衡量税收与利润。产业结构可以反映产业发展是否带动城市发展，可细化为第二产业产值比重、第三产业产值比重、高新技术产业占地区 GDP 比重等指标。规模以上工业企业 R&D 经费、从事科技活动人员数、专利授权量等指标力求反映产业创新程度。

（3）城市的发展

城市的发展依赖于人才与产业的齐头并进。好的城市风貌也有助于吸引人才与引进产业，基础设施、环境建设、公共服务等方面的情况可以衡量城市的发展水平。基础设施包括人均城市道路面积、人均固定资产投资额、房地产投资占固定资产投资比重、工业用地占城市建设用地的比重、居住建设用地占城市建设用地的比重、公共设施用地占城市建设用地的比重等指标。环境建设包括人均绿化面积、工业废弃物利用率、污水处理率、环境空气综合指数、建成区绿化覆盖率、城市生活垃圾处理率等指标。公共服务包括公共财政支出占 GDP 比重、每百万人拥有城市公共汽车数量、每百万人拥有公共图书馆藏书量、每百万人拥有医院床位数量、人均邮电业务量等指标。

（4）城市与产业相互交融

产业的发展带动城市的建设，城市的建设为产业发展提供基础，因此可以用从业人员增长率 / 第二三产业产值增长率、从业人员增长率 / 固定资产投资增长率、第二三产业固定资产投资占社会投资比重、第二三产业产值增长率 / 全社会消费品零售额增长率等指标，来衡量产城融合发展情况。

4.3　本章小结

本章比较和分析了现有文献对产城融合水平的测度指标和体系，根据“功能复合、职住平衡、配套完善、布局融合、绿色交通”的原则，结合西部地区新区的发展特点，设计了“人的发展”“产业发展”“城市发展”“产城融合发展”四个维度的西部地区新区产城融合水平的测度指标体系，如表 4–2 所示。

表 4-2　西部地区产城融合指标体系

目标	一级指标	二级指标	三级指标
产城融合发展水平评价	人的发展	收入消费水平	职工平均工资（元）
			人均可支配收入（元）
			人均社会消费品零售额（元）
		就业质量	失业率（%）
			第二三产业从业人口比重（%）
			养老保险参保率（%）
		教育水平	人均地方财政教育事业费支出（元）
			每百万人中学生数量（包含初中与高中）（所）
			每百万人大学生数量（人）
			中高级职称人员比重（%）
		居住质量	人均居住用地面积（平方米）
			人均住宅投资额（元）
			人口密度（人 / 平方千米）
	产业发展	GDP 指标	人均 GDP（元）
			地均 GDP（元）
		税收与利润	人均税收收入（元）
			人均规模以上工业利润收入（元）
		产业结构	第二产业产值比重（%）
			第三产业产值比重（%）
			高新技术产业占地区 GDP 比重（%）
		科技创新	规模以上工业企业 R&D 经费（万元）
			从事科技活动人员数（万人）
			专利授权量（件）
	城市发展	基础设施	人均城市道路面积（平方米）
			人均固定资产投资额（元）
			房地产投资占固定资产投资比重（%）
			工业用地占城市建设用地的比重（%）
			居住建设用地占城市建设用地的比重（%）
			公共设施用地占城市建设用地的比重（%）

续表

目标	一级指标	二级指标	三级指标
产城融合发展水平评价	城市发展	环境建设	人均绿化面积（平方米）
			工业废弃物利用率（%）
			污水处理率（%）
			环境空气综合指数
			建成区绿化覆盖率（%）
			城市生活垃圾处理率（%）
		公共服务	公共财政支出占 GDP 比重（%）
			每百万人拥有城市公共汽车数量（辆）
			每百万人拥有公共图书馆藏书量（本）
			每百万人拥有医院床位数量（张）
			人均邮电业务量（元）
	产城融合发展	人与产业融合协同系数	从业人员增长率 / 第二三产业产值增长率
		人与城市融合协同系数	从业人员增长率 / 固定资产投资增长率
		产业与城市融合系统系数	第二三产业固定资产投资占社会投资比重（%）
			第二三产业产值增长率 / 全社会消费品零售额增长率

第五章

产城融合的测度及影响因素剖析

第四章构建了西部地区产城融合的评价指标体系，本章在前文的基础上从“产”“城”“人”“环境”四个维度估算西部地区产城融合水平，进而剖析关键的影响因素，为准确把握西部地区产城融合水平和提供科学合理的建议作好铺垫。

5.1 相关文献回顾

产城融合的测度是机制与效应研究的定量分析基础，主要包括测度方法及其关键影响因素两个部分。

国内外很多学者采用熵值法在不同领域进行了深入研究。邹德玲，丛海彬（2019）[①] 以中国 31 个省份为研究对象，采用熵值法、耦合协调度及 GIS 可视化等手段对产城融合的时空分异格局进行了分析。陈明星（2009）基于熵值法对中国城市化进行了综合测度，表明中国城市化在不断进步，他还构建了人口城市化子系统、经济城市化子系统、土地城市化子系统和社会城市化子系统，用来计算各年份中国城市化水平。郭显光（1998）在熵值法的基础上进行了改进，引入了功效系数，对变量进行标准化变换，使熵值法更具有普适性。Zhi-Mou Chen et al.（2018）用熵值法估算

① 邹德玲，丛海彬．中国产城融合时空格局及其影响因素 [J]. 经济地理，2019，39（6）.

区域洪水灾害指数，在遭受洪灾时显示不同区域的不同受灾程度[①]。Kumru et al.（2019）用融合了重要绩效影响分析法、模糊逻辑法、信息熵法来评估航空公司的服务质量[②]。Yang et al.（2019）整合了多目标决策法、熵值法、协调发展度模型的综合评估方法来评估突发水污染事件的应急方案[③]。Lianxiao et al.（2019）以东京葛饰区使用移动框架和信息熵的方法来进行洪水灾害的社会脆弱性的空间分析[④]。Shuyu Dai 和 Dongxiao Niu（2019）用模糊群理想点法模型及改进群序关系法与熵值法的组合加权法来进行电网企业可持续发展综合评价[⑤]。

同样，国内较多学者分析了产城融合的影响因素。乔家君（2004）用改进的熵值法评估了河南省可持续发展能力，结果显示，经济因子最重要，其次为环境因子，最次为人口因子。区域发展水平对可持续发展起着决定性作用[⑥]。王富喜等（2013）用熵值法测度了山东省城镇化发展质量，计算出得分，并按得分由高到低划分为五类地区[⑦]。贾博婷等（2019）把熵值法和 G2 法融合起来，用以评价“五化”协同发展现状[⑧]。王霞等（2014）

---

① Zhi-Mou Chen, Ph.D.; Yi-Lung Yeh; and Ting-Chien Chen. Assessment of a Regional Flood Disaster Indicator via an Entropy Weighting Method[J]. Natural Hazards Review, 2018.

② Atalay, Kumru Didem; Atalay, Buket; Isin, Feride Bahar. FIPIA with information entropy: A new hybrid method to assess airline service quality[J]. Journalof Air Transport Mangement, 2019.76.

③ Long, Y., Yang, Y., Lei, X., Tian, Y., & Li, Y.. Integrated Assessment Method of Emergency Plan for Sudden Water Pollution Accidents Based on Improved TOPSIS, Shannon Entropy and a Coordinated Development Degree Model[J]. Sustainability, 2019, 11(2).

④ Lianxiao, & Morimoto, T.. Spatial Analysis of Social Vulnerability to Floods Based on the MOVE Framework and Information Entropy Method: Case Study of Katsushika Ward, Tokyo[J]. Sustainability, 2019, 11(2).

⑤ Shuyu Dai, Dongxiao Niu. Comprehensive Evaluation of the Sustainable Development of Power Grid Enterprises Based on the Model of Fuzzy Group Ideal Point Method and Combination Weighting Method with Improved Group Order Relation Method and Entropy Weight Method[J]. Sustainability, 2019, 9(10).

⑥ 乔家君 . 改进的熵值法在河南省可持续发展能力评估中的应用 [J]. 资源科学，2004（1）.

⑦ 王富喜，毛爱华，李赫龙，贾明璐 . 基于熵值法的山东省城镇化质量测度及空间差异分析 [J]. 地理科学，2013，33（11）.

⑧ 贾博婷，赵天威，祝志川 . 基于熵值修正 G2 赋权的综合评价方法及实证 [J]. 统计与决策，2019，35（8）.

把因子分析融入熵值法中，测度了国家高新区产城融合度，为我们计算指标得分提供了新思路[①]。丛海彬等（2017）将指标体系分为人本导向、产业支撑、功能匹配三个子系统，算出285个地级市的产城耦合度[②]。杨娇敏等（2017）利用DEMATEL法从产业生产要素、经济实力、发展环境和城市化水平4个维度剖析制约我国新城产城融合发展的因素，发现制度环境、市场效率、科技创新是影响新城产城融合发展的核心因素，产业结构、经济规模效率、科技创新是新城产城融合的关键因素[③]。

5.2 理论基础

地区的经济活动是趋于聚集还是趋于分散，主要看向心力（市场规模效应、充足的劳动力和纯外部经济性）和离心力（要素的不可流动性、地租和纯外部非经济性）的相对大小。产业集中，为充裕劳动力市场的形成提供了条件，也为大量劳动力提供了就业机会，信息的传播也会因为产业集中而更快更有效，形成纯外部经济性。许多要素，如土地和外国劳动力等难以移动，这些要素移动不便，就会给产业集中带来阻力。

参考“中心—外围”模型可知，两个外部环境基本相同的地区，在规模报酬递增、货物运输成本和人员流动三者互相影响的情况下，制造业为什么会在更发达的地方集中，而不是在欠发达的地方集中，这种情况发生的时机如何判断。

---

① 王霞，王岩红，苏林，郭兵，王少伟 . 国家高新区产城融合度指标体系的构建及评价 [J]. 科学学与科学技术管理，2014，35（7）.

② 丛海彬，段巍，吴福象 . 新型城镇化中的产城融合及其福利效应 [J]. 中国工业经济，2017（11）.

③ 杨娇敏，王威，巩曦曦，等 . 基于 DEMATEL 的新城产城融合发展的关键影响因素分析 [J]. 工程管理学报，2017（6）.

在运输成本高的情况下，制造业会在两地均匀分布，形成对称均衡；运输成本低的情况下，制造业最终会集中到一个地方，另一个地方彻底没有制造业，形成“中心—外围”模式，也是一种均衡；运输成本中等的时候，一个地区的制造业份额很高或很低时，会形成“中心—外围”模式，但是在运输成本中等的时候，也不一定会出现“中心—外围”均衡。而“中心—外围”状态能否长时间维持呢？运输成本较低的话，“中心—外围”状态是稳定的，运输成本比较高的情况下，会存在一个运输成本的临界值，运输成本小于该值时“中心—外围”状态稳定，大于该值时不稳定。另外，制造业规模越大，越有利于“中心—外围”模式维持下去。

这就是说，高运输成本、较低的规模经济以及对制造业生产的产品消费程度的差异阻碍了企业集中，消费市场在哪里，制造业就会在那里扎根，这时制造业会在两个地区均衡分布，不会集中到一个地区。运输成本中等的时候，价格指数效应、规模经济效应和累积循环因果效应很强，市场需求越大，制造业规模也就越大。这时候商品的价格指数随之降低，工人更倾向于来该地区工作，制造业规模进一步扩大。制造业规模扩大，规模经济效应加强，更多企业进驻当地进行生产活动，原先的两地均衡格局被打破，形成了全部或绝大多数制造业在一个地区聚集的“中心—外围”模式。由于这时候主要有该地生产制造业产品，该地也就成为制成品的出口地。各种因素的变化会对向心力和离心力的相对大小产生影响，向心力更大，趋于形成“中心—外围”模式；离心力更大，则难以形成“中心—外围”模式。

这为我们推进西部地区产城融合提供了思路，我们可以通过完善交通运输系统、减少中间不必要的环节和减少高速公路过路费等方式来尽可能降低运输成本，如此便可提供达成稳定的“中心—外围”模式的前提条件，即低廉的运输成本。下一步就是让西部地区新区去吸引更多企业入驻，也就可以吸引更多的产业工人。为此，政府要提供更好的办厂条件，加大对制造业企业的补助力度，提供更多优惠。工人多了，市场规模也会扩大，市场规模的扩大可以有效吸引制造业厂商来西部新区进行生产，本地工业品的数量会越来越多，种类也会越来越丰富，工人们的生活费用也会降低，生活质量随之提升，越来越多的工人会来这里干活，反过来市场规模也会变大。然而不可忽略的是，企业之间残酷的竞争可能会使想入驻西部新区的企业望而却步，所以应出台相应政策，尽量减少企业之间的恶性竞争，鼓励企业进行全方位、多层次的交流与合作，西部新区的工业企业数量才会越来越多，这样才有利于西部新区产城融合发展。

5.3 西部地区产城融合度与耦合度估算

5.3.1 产城融合度：基于熵值法的估算

熵值法（Entropy Method）是通过衡量指标离散程度确定权重的一种客观赋权方法，通过计算熵值来判断某指标的离散程度，指标离散程度越大，该指标对综合评价的影响越大。本课题先采用熵值法测度西部地区开发区产城融合度，并依据熵值来对西部地区主要城市的产城融合度进行排名（i 表示城市，j 表示指标），x_{ij} 表示指标值：

$$p_{ij}=\frac{x_{ij}}{\sum_{i=1}^{m}x_{ij}} \tag{5.1}$$

$$e_j=-\frac{1}{\ln m}\sum_{i=1}^{m}p_{ij}\ln p_{ij} \tag{5.2}$$

$$g_j=1-e_j \tag{5.3}$$

$$a_j = \frac{g_j}{\sum_{j=1}^{n} g_j} \quad (5.4)$$

$$v_i = \sum_{j=1}^{n} a_j p_{ij} \quad (5.5)$$

公式（5.1）中 P_{ij} 为指标值比重，用来计算每个城市每个指标的数值占该指标所有城市数值之和的比重；公式（5.2）中 e_j 为指标熵值，用来计算每个指标的熵值；公式（5.3）中 g_j 为指标差异系数，用来计算差异性系数，同一个指标的差异性越大，该差异性系数越大，这个指标对于整个方案的作用越大。公式（5.4）中 a_j 为指标权重，代表了每个指标在整个体系中的作用。最后，公式（5.5）中 v_i 为每个城市的综合得分。

现有文献对产城融合程度的划分标准有所不同，例如，汪洋、景亚萱（2019）将产城融合等级分为高度融合型（0.85 以上）、中度融合型（0.45 ~ 0.85）、低度融合型（–0.25 ~ 0.45）、基本分离型（–0.85 ~ –0.25）和严重分离型（低于 –0.85）[①]。邹德玲和丛海彬（2019）则将产城融合协调度分为高级融合协调型（0.8 ~ 1）、初级融合协调型（0.5 ~ 0.8）、发展调和型（0.3 ~ 0.5）、轻度失调型（0.2 ~ 0.3）、严重失调型（0 ~ 0.2）[②]。

考虑到西部地区相对落后的现状，借鉴汪洋、景亚萱（2019）与邹德玲、丛海彬（2019）的测度方法，将西部地区开发区产城融合的耦合度分为 5 种类型：高度耦合型、中度耦合型、基本耦合型、轻度分离型和高度分离型，见表 5–1。

① 汪洋，景亚萱 . 粤港澳大湾区城市群产城融合测度及其协同策略研究 [J]. 工程管理学报，2019，33（3）.

② 邹德玲，丛海彬 . 中国产城融合时空格局及其影响因素 [J]. 经济地理，2019，39（6）.

表 5-1　产城融合度的划分标准

汪洋、景亚萱（2019）		邹德玲、丛海彬（2019）		本课题	
融合度	取值范围	协调度	取值范围	耦合度	取值范围
高度融合型	[0.85，∞）	高级融合协调型	[0.8，1)	高度耦合型	[0.8，1)
中度融合型	[0.45，0.85)	初级融合协调型	[0.5，0.8)	中度耦合型	[0.4，0.8)
低度融合型	[–0.25，0.45)	发展调和型	[0.3，0.5)	基本耦合型	[0.2，0.4)
基本分离型	[–0.85，–0.25)	轻度失调	[0.2，0.3)	轻度分离型	[0.1，0.2)
严重分离型	（–∞，–0.85）	严重失调	（0，0.2）	高度分离型	（0，0.1）

资料来源：汪洋，景亚萱 . 粤港澳大湾区城市群产城融合测度及其协同策略研究 [J]. 工程管理学报，2019，33（3）；邹德玲，丛海彬 . 中国产城融合时空格局及其影响因素 [J]. 经济地理，2019（6）。

利用公式（5.1）~（5.5），西部地区主要城市的产城融合耦合度的估算结果见表 5-2，除拉萨外，11 个主要城市产城融合耦合度可以分为三类。第一类是基本耦合型，西部地区只有重庆市的产城融合度达到基本耦合水准。第二类是轻度分离型，成都、呼和浩特、西安和贵阳四个城市的产城融合度为轻度分离。第三类是高度分离型，西部地区的昆明、西宁、南宁、兰州、银川和乌鲁木齐 6 个城市属于高度分离型。

表 5-2　西部地区主要城市“产城融合”的耦合度

排序	城市	耦合类型	得分	排序	城市	得分	耦合类型
1	重庆	基本耦合	0.2368	7	西宁	0.0595	高度分离
2	成都	轻度分离	0.1390	8	南宁	0.0555	高度分离
3	呼和浩特	轻度分离	0.1140	9	兰州	0.0535	高度分离
4	西安	轻度分离	0.1031	10	银川	0.0431	高度分离
5	贵阳	轻度分离	0.1001	11	乌鲁木齐	0.0367	高度分离
6	昆明	高度分离	0.0645				

5.3.2　产城耦合度的估算

参考丛海彬等（2017 年）的计算方法，在计算西部地区主要城市产城融合度的基础上，对模型（5.1）~（5.5）作进一步改进，将产城融合细分为人本导向、产业支撑与功能匹配三个子系统。

模型的改进分为七个步骤。第一步，用这些年份的指标的数值构建一个矩阵，然后进行无量纲化处理，见公式（5.6）；第二步，进行指标同度量化，见公式（5.7），为消除数值 0 的影响，把 p_{ij} 处理为 p_{ij}+0.00001（后文仍用 p_{ij} 表示）；第三步，计算熵值，见公式（5.8）；第四步，计算差异性系数，见公式（5.9），差异性系数数值越大，该指标对城市间比较的作用越小；第五步，确定各指标的权重，见公式（5.10）；第六步，计算综合评价指数：用熵值法确定权重后，确定人本导向、产业支撑与功能匹配三者的综合评价指数，见公式（5.11）；第七步，计算得到耦合度，见公式（5.12），具体模型如下。

$$X_{ij} = (X_{ij} - min)/(max - min) \tag{5.6}$$

$$p_{ij} = \frac{x_{ij}}{\sum_{i=1}^{m} x_{ij}} \tag{5.7}$$

$$e_j = -k \sum_{i=1}^{m} p_{ij} \times \ln (p_{ij}) \tag{5.8}$$

$$q_j = 1 - e_j \tag{5.9}$$

$$w_j = q_j / \sum_{j=1}^{n} p_j \tag{5.10}$$

$$wsystem = \sum_{j=1}^{n} w_j \times x_{ij} \tag{5.11}$$

计算的结果见表 5–3，西部地区 11 个主要城市按照“人本导向”“产业支撑”“功能融合”三个维度进行估算，可以发现：第一，西部地区最关注产业支撑因素，例如西安、兰州、呼和浩特等城市的产业发展态势良好；第二，从人本导向指标来看，重庆和成都两市发展最快，2017 年两市的这一指标值分别为 0.214 和 0.148；第三，从功能匹配指标来看，西部地区主要城市的得分普遍较低，有很大发展空间。

表 5-3　西部地区主要城市产城融合度测算

产城融合指标		2003年	2006年	2009年	2012年	2013年	2014年	2015年	2016年	2017年
西安	人本导向	0.013	0.014	0.015	0.034	0.026	0.050	0.067	0.068	0.071
	产业支撑	0.056	0.080	0.072	0.207	0.081	0.088	0.231	0.126	0.128
	功能匹配	0.024	0.036	0.056	0.073	0.085	0.081	0.064	0.063	0.066
兰州	人本导向	0.005	0.006	0.019	0.010	0.008	0.008	0.035	0.035	0.035
	产业支撑	0.023	0.037	0.034	0.061	0.038	0.151	0.146	0.144	0.133
	功能匹配	0.032	0.043	0.035	0.051	0.056	0.055	0.057	0.062	0.074
银川	人本导向	0.009	0.002	0.018	0.003	0.017	0.004	0.021	0.021	0.024
	产业支撑	0.037	0.032	0.029	0.039	0.036	0.032	0.034	0.043	0.038
	功能匹配	0.040	0.053	0.057	0.084	0.097	0.092	0.068	0.066	0.073
西宁	人本导向	0.007	0.002	0.016	0.003	0.005	0.007	0.017	0.020	0.035
	产业支撑	0.024	0.108	0.045	0.030	0.046	0.021	0.028	0.028	0.047
	功能匹配	0.027	0.040	0.042	0.066	0.056	0.079	0.044	0.056	0.044
乌鲁木齐	人本导向	0.001	0.002	0.003	0.008	0.009	0.006	0.031	0.031	0.031
	产业支撑	0.038	0.038	0.037	0.110	0.047	0.051	0.053	0.065	0.062
	功能匹配	0.063	0.067	0.065	0.065	0.078	0.081	0.077	0.081	0.096
昆明	人本导向	0.008	0.008	0.012	0.014	0.017	0.021	0.065	0.067	0.064
	产业支撑	0.028	0.038	0.053	0.104	0.060	0.071	0.086	0.056	0.053
	功能匹配	0.037	0.051	0.066	0.071	0.081	0.102	0.056	0.052	0.068
重庆	人本导向	0.066	0.067	0.107	0.095	0.129	0.150	0.202	0.208	0.214
	产业支撑	0.040	0.046	0.072	0.096	0.108	0.084	0.077	0.076	0.066
	功能匹配	0.012	0.014	0.018	0.026	0.030	0.029	0.023	0.024	0.028
成都	人本导向	0.020	0.022	0.030	0.038	0.037	0.057	0.134	0.146	0.148
	产业支撑	0.041	0.078	0.078	0.186	0.124	0.094	0.088	0.094	0.087
	功能匹配	0.030	0.041	0.062	0.073	0.085	0.084	0.073	0.065	0.068
呼和浩特	人本导向	0.008	0.006	0.026	0.076	0.080	0.182	0.057	0.029	0.057
	产业支撑	0.057	0.084	0.093	0.066	0.074	0.125	0.088	0.096	0.086
	功能匹配	0.033	0.051	0.073	0.092	0.113	0.100	0.051	0.055	0.046

续表

产城融合指标		2003年	2006年	2009年	2012年	2013年	2014年	2015年	2016年	2017年
贵阳	人本导向	0.005	0.016	0.009	0.058	0.257	0.044	0.044	0.047	0.071
	产业支撑	0.040	0.039	0.048	0.119	0.105	0.056	0.066	0.069	0.066
	功能匹配	0.027	0.028	0.044	0.062	0.071	0.086	0.065	0.059	0.053
南宁	人本导向	0.011	0.013	0.013	0.025	0.014	0.017	0.065	0.071	0.065
	产业支撑	0.054	0.050	0.053	0.045	0.057	0.047	0.053	0.049	0.052
	功能匹配	0.038	0.037	0.032	0.044	0.055	0.062	0.041	0.043	0.042

资料来源：作者估算。

表 5-4　西部地区主要城市产城耦合度的估算结果

产城融合指标	西安	兰州	银川	西宁	乌鲁木齐	昆明	重庆	成都	呼和浩特	贵阳	南宁
2003年	0.181	0.119	0.151	0.136	0.074	0.142	0.197	0.191	0.158	0.137	0.171
2004年	0.180	0.115	0.178	0.133	0.076	0.140	0.212	0.190	0.130	0.123	0.168
2005年	0.187	0.133	0.092	0.153	0.086	0.144	0.214	0.208	0.189	0.142	0.172
2006年	0.191	0.133	0.082	0.114	0.086	0.145	0.206	0.211	0.150	0.181	0.176
2007年	0.192	0.136	0.142	0.108	0.095	0.159	0.211	0.203	0.151	0.156	0.177
2008年	0.185	0.114	0.044	0.093	0.088	0.177	0.224	0.206	0.108	0.129	0.171
2009年	0.186	0.181	0.166	0.182	0.103	0.164	0.231	0.224	0.220	0.155	0.180
2010年	0.188	0.186	0.104	0.162	0.122	0.228	0.253	0.227	0.189	0.216	0.181
2011年	0.190	0.124	0.103	0.121	0.120	0.168	0.238	0.225	0.197	0.211	0.183
2012年	0.258	0.164	0.098	0.096	0.164	0.191	0.251	0.261	0.259	0.270	0.200
2013年	0.213	0.142	0.158	0.125	0.143	0.182	0.268	0.248	0.264	0.321	0.179
2014年	0.253	0.172	0.103	0.109	0.131	0.192	0.262	0.262	0.330	0.225	0.179
2015年	0.294	0.250	0.173	0.169	0.209	0.263	0.252	0.295	0.257	0.236	0.242
2016年	0.279	0.250	0.183	0.171	0.216	0.247	0.255	0.298	0.230	0.242	0.243
2017年	0.282	0.248	0.183	0.215	0.209	0.244	0.258	0.297	0.255	0.257	0.242

数据来源：作者估算所得。

5.3.3 基于 GIS 技术的西部地区产城融合的时空变化

从表 5–5 可以看出，整体而言，西部地区 11 个主要城市的产城融合度的空间发展特征比较明显。利用 GIS 可视性技术，将时间节点分为 2003 年、2008 年、2013 年和 2017 年，从人本导向、产业支撑、功能匹配三个子系统的估算结果可以看出，总体上西部地区主要城市的产业支撑的得分最高，人本导向得分最低，功能融合其次，说明在城市的发展中首先考虑的是产业的发展，而忽视了人本导向；从个体上看，重庆、成都、西安等城市在人本导向上进步明显，尤其是 2017 年，三个城市的得分分别为 0.214、0.148 与 0.071，说明在城市的不同发展阶段，产业发展与人本导向是不同的，在城市发展的高级阶段，会更注重人本导向。

表 5–5　西部地区 11 个主要城市的分系统产城融合度计算结果

城市	2003 年			2008 年			2013 年			2017 年		
	人本导向	产业支撑	功能匹配	人本导向	产业支撑	功能匹配	人本导向	产业支撑	功能匹配	人本导向	产业支撑	功能匹配
西安	0.013	0.056	0.024	0.013	0.070	0.045	0.026	0.081	0.085	0.071	0.128	0.066
兰州	0.005	0.023	0.032	0.004	0.028	0.049	0.008	0.038	0.056	0.035	0.133	0.074
银川	0.009	0.037	0.040	0.000	0.027	0.059	0.017	0.036	0.097	0.023	0.038	0.073
西宁	0.007	0.024	0.027	0.002	0.038	0.037	0.005	0.046	0.056	0.035	0.047	0.044
乌鲁木齐	0.001	0.038	0.063	0.002	0.031	0.061	0.009	0.047	0.078	0.031	0.062	0.096
昆明	0.008	0.028	0.037	0.014	0.054	0.049	0.017	0.060	0.081	0.064	0.053	0.068
重庆	0.066	0.040	0.012	0.069	0.067	0.018	0.128	0.108	0.030	0.214	0.066	0.028
成都	0.020	0.041	0.030	0.022	0.071	0.055	0.037	0.124	0.085	0.148	0.087	0.068
呼和浩特	0.008	0.057	0.033	0.002	0.088	0.060	0.080	0.074	0.112	0.057	0.085	0.046
贵阳	0.005	0.040	0.027	0.005	0.041	0.040	0.257	0.105	0.070	0.071	0.066	0.053
南宁	0.011	0.054	0.037	0.012	0.050	0.043	0.014	0.057	0.055	0.065	0.052	0.042

资料来源：作者估算。

通过以上分析可知，在考察期的 15 年中，西部地区主要城市的产城融合发展水平在不断提升。

5.4 西部地区产城融合的影响因素分析

5.4.1 变量选择与数据来源

（1）变量选择

产城融合是一个涉及面广且复杂的系统工程。基于产城融合的内涵与外延，依据第四章对西部地区开发区产城融合指标体系的设计，从人的发展、产业发展、城市发展和产城融合的发展 4 个维度测度西部地区开发区的产城融合水平。

自变量为西部地区产城融合度，记为 cc，以表 5–5 中用产城融合模型计算的结果为样本。

因变量分为 3 个维度，即人本导向、产业支撑与功能匹配，变量的选择及其符号见表 5–6。

产业支撑维度包括城市工业产值密度、地方政府城镇化路径偏向、资本密度和产业结构 4 个二级指标。城市工业产值密度记为 iait，用城市规模以上工业企业总产值除以建成区土地面积；地方政府城镇化路径偏向记为 poit，用商业用地价格除以工业用地价格，表示地方政府的城镇化偏向及扶持力度；资本密度指标用规模以上工业企业固定资产除以建成区土地面积，记为 ikit，说明城市的产业资本含量和投资水平；产业结构指标用第三产业除以第二产业产值，记为 iuit。

功能融合维度包括城市规模、对外开放水平、地方财政偏好、城市固定资产投资水平、城市交通运输能力与信息化水平 6 个二级指标。城市规模选用人口规模指标来测度，记为 csit；利用外资情况能较好地说明对外开放水平，对外开放水平用外商直接投资额除以 GDP 指标，记为 epit；地方财政偏好用去除科研和教育支出的政府财政支出除以该地区 GDP，记为 lpit，意在说明地方政府的财政能力、收支状况与支出倾向；城市固定资产投资水平，记为 bfit，衡量一个城市交通水平如何，用城市道路人均占有面积测度；城市交通运输能力，记为 ttit，用每万人拥有的公共汽车数量来测度；信息化水平，记为 in1it，用人均移动电话数来测度。

人本导向主要包括城市人口的就业、教育和医疗 3 个方面的二级指标。就业采用就业密度指标来度量，记为 ilit，其计算方法为规模以上工业企业就业人数 / 建成区面积，能较好地说明城市能提供的就业岗位和就业机会，衡量城市的“宜业”能力；教育采用城市教育水平指标，记为 ptit，用每百人拥有普通中学专任教师数量，能较准确地度量城市能提供的基础教育能力与水准，衡量城市的“宜学”水平；医疗采用城市医疗水平指标，记为 pbit，用每万人拥有的病床数量来测度，能较好地衡量城市的“宜医”水平。

表 5–6 变量选择及指标说明

<table>
<tr><th></th><th>维度</th><th>变量</th><th>符号</th><th>指标说明</th></tr>
<tr><td>自变量</td><td></td><td>产城融合度</td><td>cc</td><td></td></tr>
<tr><td rowspan="4">因变量</td><td rowspan="4">产业支撑</td><td>城市工业产值密度</td><td>iait（ia）</td><td>城市规模以上工业企业总产值 / 建成区土地面积</td></tr>
<tr><td>地方政府城镇化路径偏向</td><td>poit（po）</td><td>地方政府的城镇化偏向及扶持力度大小，商业用地价格 / 工业用地价格</td></tr>
<tr><td>资本密度</td><td>ikit（ik）</td><td>规模以上工业企业固定资产 / 建成区土地面积</td></tr>
<tr><td>产业结构</td><td>iuit（iu）</td><td>第三产业产值 / 第二产业产值</td></tr>
</table>

续表

	维度	变量	符号	指标说明
因变量	功能融合	城市规模	csit（cs）	城市常住人口
		对外开放水平	epit（ep）	外商直接投资额 /GDP
		地方财政偏好	lpit（lp）	去除科研和教育支出的政府财政支出 / 该地区 GDP
		城市固定资产投资水平	bfit（bf）	城市道路人均占有面积
		城市交通运输能力	ttit（tt）	每万人拥有的公共汽车数量
		信息化水平	in1it（in）	人均移动电话数
	人本导向	就业密度	ilit（il）	规模以上工业企业就业人数 / 建成区面积
		城市教育水平	ptit（pt）	每百人拥有普通中学专任教师数量
		城市医疗水平	pbit（pb）	每万人拥有的病床数

（2）数据来源

本课题使用的数据为西部主要城市 2003 年至 2017 年的数据，为长面板数据，数据来自西部地区各个主要城市（拉萨除外）的统计年鉴、《中国城市统计年鉴》、《中国区域经济统计年鉴》、《中国国土资源年鉴》等。

5.4.2　描述性统计

西部地区共有 12 个省（自治区、直辖市），分别为陕西、甘肃、宁夏、内蒙古、青海、新疆、四川、重庆、云南、贵州、广西、西藏，考虑到数据可得性和可比较性，剔除西藏的数据，因此，本文共选择 11 个主要城市作为研究样本，样本 2017 年各变量的统计数据和描述性统计分别见表 5–7 和表 5–8。

如表 5–7 所示，从人口规模来看，2017 年达到千万级的城市有重庆和成都。西安市在 2019 年户籍人口超过 1000 万，重庆和成都是西南地区的中心城市，西安是西北地区的中心城市，人口规模巨大；南宁、昆明和西安为 600 万 ~ 1000 万人口规模的大城市，而其他 5 个城市的人口规模则在 500 万人以下。从城市工业产值密度来看，成都、重庆两市超过 10 万元 / 平方千米，南宁、西安、呼和浩特等 3 个城市接近 10 万元 / 平方千米，其余城市则低于 7 万元 / 平方千米。从就业密度来看，不低于 0.1 的城市有兰州、西安、银川、重庆、成都和呼和浩特，其余城市低于 0.1。

表 5-7　2017 年西部地区 11 个主要城市各变量数据统计

变量	西安	兰州	银川	西宁	乌鲁木齐	昆明	重庆	成都	呼和浩特	贵阳	南宁
cc	0.28	0.25	0.18	0.22	0.21	0.24	0.26	0.3	0.26	0.26	0.24
ia	88122	61092	48678	62411	52301	60704	134602	147942	81316	22779	94480
ik	32460	37657	22592	24803	47849	30612	73551	35707	27249	20509	21452
il	0.3	0.36	0.11	0.09	0.03	0.04	0.11	0.1	0.32	0.05	0.06
ep	7.1	0.35	0.9	1.28	0.54	1.65	1.14	4.68	3.1	3.8	2.33
lp	12.2	13.56	18.94	14.46	14.15	13.19	18.72	10.46	12.6	13.24	0.13
iu	176.94	179.23	91.7	123.4	228.44	149.07	111.25	107.96	157.08	146.56	132.24
tt	9.21	8.6	9.89	7.23	19.82	9.08	4.05	10.03	7.5	7.36	4.72
bf	8.48	17.43	15.39	6.93	10.53	9.32	6.15	14.06	14.39	10.31	10.89
in	2.19	1.87	1.87	1.37	2.18	2.36	0.97	1.86	1.01	1.56	1.24
pt	0.43	0.43	0.47	0.36	0.57	0.38	0.34	0.36	0.32	0.39	0.36
pb	71.61	81.67	67.68	73.75	123.37	78.24	44.33	88.83	57.1	69.37	57.88
cs	750.69	372.69	222.54	235.5	350.4	678.3	1970.68	1604.5	311.48	480.2	715.33
po	15.61	11.42	15.35	39.02	5.12	15.59	95.55	18.31	76.38	73.18	8.71

从表 5-8 对各变量的描述性统计情况来看，城市工业密度、城市规模、地方政府工业化偏好、产业结构、城市医疗水平等指标的标准差很大，而就业密度、对外开放水平、信息化水平、城市教育水平等指标的标准差较小。

表 5-8　各变量的描述性统计

变量	符号	Obs	Mean	Std.Dev.	Min	Max
产城融合度	cc	165	0.185	0.0572	0.0441	0.330
城市工业密度	ia	165	84749	92715	8962	713537
资本密度	ik	165	34434	50438	3776	524686
城市规模	cs	165	270.2	361.9	32.52	1971
地方政府工业化偏好	po	165	31.59	73.96	0.0120	595.2
就业密度	il	165	0.181	0.192	0.0140	1.525
对外开放水平	ep	165	2.162	1.934	0.0120	9.124
地方财政偏好	lp	165	11.31	4.220	0	29.30
产业结构	iu	165	120.7	32.69	65.38	244.8
城市交通运输能力	tt	165	11.97	4.747	3.810	29.25
城市人均道路	bf	165	9.965	3.819	3.110	25.58
信息化水平	in1	165	1.070	0.590	0.106	2.678
城市教育水平	pt	165	0.419	0.0743	0.248	0.656
城市医疗水平	pb	165	70.61	24.49	1	137.2

为了检测各变量间的自相关性，采用 Spearman 相关系数法对各变量进行检测，计算结果如表 5-9 所示，各相关系数值偏小，不存在线性相关关系，可以进行回归分析。

表 5-9　各变量相关系数矩阵

变量	ia	po	ik	il	cs	ep	lp	iu	bf	tt	in1	pt	pb
ia	1												
po	0.47	1											
ik	0.44	0.34	1										
il	0.24	0.04	−0.02	1									
cs	0.30	0.05	0.10	0.11	1								
ep	0.33	0.25	−0.06	0.29	0.50	1							
lp	0.32	0.37	0.35	−0.17	0.12	−0.13	1						

续表

变量	ia	po	ik	il	cs	ep	lp	iu	bf	tt	in1	pt	pb
iu	0.01	0.02	0.07	0.01	0.06	0.093	−0.29	1					
bf	0.27	0.30	0.29	−0.15	−0.16	0.08	−0.10	0.24	1				
tt	0.17	0.01	0.03	−0.30	−0.45	−0.25	−0.03	0.20	0.25	1			
in1	0.53	0.38	0.39	−0.11	0.01	0.03	0.19	0.28	0.56	0.50	1		
pt	−0.06	0.05	0.10	0.06	−0.51	−0.19	−0.14	0.45	0.42	0.27	0.24	1	
pb	−0.01	0.08	−0.02	−0.46	−0.32	−0.32	−0.06	0.27	0.34	0.54	0.37	0.28	1

5.4.3 实证模型

根据前文的分析，构建西部地区产城融合的影响因素动态模型，见模型（5.13）。

$$ccit=iaitpoit+ikit+ilit+csit+epit+lpit+iuit+bfit+ttit+init+ptit+pbit+\varepsilon it \quad (5.13)$$

为削弱异方差和多重共线性、压缩变量的数据尺度并减小数据波动使数据更加平稳，首先对绝对数变量进行对数处理，并对面板数据进行单位根检验，检验结果显示无自相关性。

其次，确定最大滞后阶数，利用公式 $P_{max}=[12\times(T/100)^\wedge(1/4)]$，$T$ 为样本容量，方括号是取整符号，本课题的样本容量是 139，得出其最大滞后阶数为 2。

再次，利用豪斯曼检验来确定采用固定效应模型还是随机效应模型，结果显示，固定效应结果较优，为方便比较和分析，本课题采用两种方法估算，先采用静态模型，估算结果见表 5–10。

从估算结果来看，第一，地方政府的城镇化路径偏向对产城融合有显著的正向促进作用，西部地区主要城市近年来发展十分迅速。重庆、成都、西安等作为中心城市，用地规模不断扩大，土地政策是吸引工业投资的关键砝码，合理确定商业用地与工业用地的价格比，有利于促进产业的发展。第二，城市规模和产业结构对西部地区主要城市产城融合有显著的正向作用，城市人口规模大与第三产业发达有利于产城融合发展，西部地区重庆、成都、西安等人口千万级的城市，其产城融合就好，而其他主要城市人口规模偏小，第三产业欠发达，其产城融合度也较低。第三，城市的交通运输能力和信息化水平与西部地区主要城市产城融合有正相关关系，城市公共交通，尤其是以地铁等轨道交通为主的现代化公共交通模式的快速发展是城市发展的推动力；信息化对产城融合发展有积极的推动作用。第四，从固定效应模型来看，城市工业产值密度、资本密度等指标与产城融合的关系尽管不显著，但是与产城融合有正向关系；而对外开放水平、地方财政支出偏好等与产城融合的关系尽管不显著，但表现为负向关系。第五，从人本导向维度来看，城市教育水平和城市医疗水平与西部地区产城融合度表现为不显著的弱负向关系。

表 5–10　面板数据回归结果

变量	(1) RE	(2) FE	变量	(1) RE	(2) FE
ia	0.001 (0.021)	0.004 (0.021)	iu	0.217*** (0.052)	0.226*** (0.069)
po	0.101*** (0.007)	0.105*** (0.007)	bf	0.000 (0.034)	–0.040 (0.051)
ik	–0.042* (0.022)	0.006 (0.020)	tt	0.114*** (0.042)	0.073 (0.049)
il	0.112*** (0.018)	0.056*** (0.018)	in	–0.023 (0.024)	–0.067*** (0.025)
cs	0.212*** (0.020)	0.211*** (0.023)	pt	–0.067 (0.092)	–0.015 (0.096)
ep	0.016 (0.010)	–0.011 (0.012)	pb	–0.002 (0.023)	–0.005 (0.020)

续表

变量	(1) RE	(2) FE	变量	(1) RE	(2) FE
lp	−0.018 (0.017)	−0.001 (0.016)	Constant	−3.702*** (0.407)	−4.172*** (0.441)
Observations	164	164			
R−squared		0.842			
Num of code1	11	11			
Hausman		53.25			
p−value		0.000000067			

注：括号内为标准误差，*、**、*** 分别表示在 10%、5%、1% 上显著。

为进一步探究不同融合水平城市的产城融合度的关键影响因素，剖析不同融合水平的影响因素的不同效应，依据表 5−3 的计算结果，将西部 11 个主要城市分为两个子样本，重庆、成都、呼和浩特、西安和贵阳 5 个城市划为融合型，将昆明、西宁、南宁、兰州、银川和乌鲁木齐 6 个城市划为分离型。仍然采用面板数据的固定效应模型，为了方便比较和分析，同时结合随机效应模型来估算，估算结果如表 5−11 和表 5−12 所示。

从回归结果来看，可以得出如下结论。第一，无论是融合型城市还是分离型城市，地方政府城镇化路径偏向、就业密度、城市规模和产业结构与产城融合度表现为显著的正向关系，可见，城镇化发展过程中，地方政府的作为、就业水平，城市规模及发达的服务业和工业，是西部地区主要城市产城融合的关键因素。第二，城市工业产值密度、资本密度、对外开放水平、地方财政支出偏好 4 个变量在融合型城市与分离型城市中表现出截然相反的结论，它们对融合型城市是非显著的负向关系；而在分离型城市中则是非显著的正向关系，可见，在城市发展到一定阶段，工业化水平、规模以上工业企业固定资产投资及吸引外商直接投资等在不同阶段的产城融合中发挥的作用不同。第三，城市人均道路、信息化水平、城市教育水平和城市医疗水平 4 个因素在融合型城市和分离型城市中也表现出截然相反的作用，它们对融合型城市的产城融合起着非显著的正向作用，而在分离型城市中则表现为非显著的负向作用。

表 5–11　分样本面板数据模型回归结果

变量	融合型		分离型	
	RE	FE	RE	FE
ia	−0.010	−0.065	0.010	0.013
	(0.035)	(0.047)	(0.019)	(0.026)
po	0.073***	0.082***	0.122***	0.123***
	(0.008)	(0.009)	(0.009)	(0.010)
ik	−0.037	−0.022	0.034	0.030
	(0.025)	(0.023)	(0.026)	(0.029)
il	0.085***	0.075***	0.060**	0.061*
	(0.019)	(0.019)	(0.028)	(0.033)
cs	0.170***	0.143***	0.306***	0.308***
	(0.022)	(0.025)	(0.031)	(0.034)
ep	−0.010	−0.032	0.021*	0.021
	(0.024)	(0.025)	(0.012)	(0.014)
lp	−0.051	−0.010	0.035**	0.040**
	(0.034)	(0.034)	(0.016)	(0.020)
iu	0.227***	0.326***	0.037	0.005
	(0.069)	(0.082)	(0.067)	(0.101)
bf	−0.020	0.017	−0.044	−0.048
	(0.046)	(0.058)	(0.056)	(0.078)
tt	0.072	0.073	0.053	0.073
	(0.046)	(0.049)	(0.076)	(0.091)
in1	0.046	0.003	−0.097***	−0.094***
	(0.033)	(0.047)	(0.025)	(0.029)

续表

变量	融合型		分离型	
	RE	FE	RE	FE
pt	–0.076	0.003	0.010	–0.043
	(0.095)	(0.101)	(0.136)	(0.165)
pb	0.025	0.046	–0.005	–0.003
	(0.050)	(0.050)	(0.019)	(0.020)
Constant	–3.286***	–3.363***	–4.105***	–4.047***
	(0.608)	(0.712)	(0.535)	(0.653)
Observations	89	89	75	75
R–squared		0.879		0.914
Num of code1	6	6	5	5
Hausman		16.63		0.784
p–value		0.00525		0.941

注：括号内为标准误差，*、**、*** 分别表示 10%、5%、1% 上显著。

表 5–12　融合型和分离型的影响因素分析

维度	变量	符号	融合型	分离型
	产城融合度	cc		
产业支撑	城市工业产值密度	iait	–	+
	地方政府城镇化路径偏向	poit	+	+
	资本密度	ikit	–	+
	产业结构	iuit	+	+
功能融合	城市规模	csit	+	+
	对外开放水平	epit	–	+
	地方财政偏好	lpit	–	+
	城市固定投资水平	bfit	+	–
	城市交通能力	ttit	+	+
	信息化水平	in1it	+	–

续表

维度	变量	符号	融合型	分离型
人本导向	就业密度	ilit	+	+
	城市教育水平	ptit	+	−
	城市医疗水平	pbit	+	−

5.4.4 稳健性检验

为了进一步检验结论的正确性，本课题采用广义矩估计法（GMM）与二阶段最小二乘法（2SLS）两种方法做稳健性检验。

考虑到产城融合度的记忆性，即上一期的产城融合水平影响本期的产城融合水平，引入自变量的滞后期，模型（5.13）可变成模型（5.14），即：

$$ccit=ccit-1+iaitpoit+ikit+ilit+csit+epit+lpit+iuit+bfit+ttit+init+ptit+pbit+\varepsilon it \quad (5.14)$$

稳健性回归结果见表 5–13，可以发现，第一，地方政府城镇化路径倾向、就业密度、城市规模 3 个指标与西部地区主要城市的产城融合度有显著的正向关系；第二，信息化水平、城市医疗水平 2 个指标与产城融合度呈现为显著的负向关系；第三，对外开放水平、城市教育水平、城市固定投资水平等与模型（5.13）估算的结果一致。可见，本课题的结论具有稳健性。

表 5–13 稳健性检验回归结果

变量	面板固定效应	GMM	变量	2SLS
cc（–1）		–0.0298	cc	0
		(0.045)		(0)
ia	0.004	–0.0180	ia	0.153
	(0.021)	(0.020)		(0.14)

续表

变量	面板固定效应	GMM	变量	2SLS
po	0.105***	0.123***	po	0.128***
	(0.007)	(0.0063)		(0.018)
ik	0.006	0.00368	ik	0.000873
	(0.020)	(0.020)		(0.027)
il	0.056***	0.0677***	il	0.0908***
	(0.018)	(0.017)		(0.027)
cs	0.211***	0.267***	cs	−0.0423
	(0.023)	(0.025)		(0.11)
ep	−0.011	0.0195*	ep	−0.0660**
	(0.012)	(0.011)		(0.029)
lp	−0.001	−0.00794	lp	0
	(0.016)	(0.017)		(0)
iu	0.226***	0.166**	iu	−0.560
	(0.069)	(0.069)		(0.36)
bf	−0.040	−0.123***	bf	0.934***
	(0.051)	(0.043)		(0.31)
tt	0.073	0.190***	tt	−1.075***
	(0.049)	(0.058)		(0.40)
in1	−0.067***	−0.0477*	in	−0.113**
	(0.025)	(0.025)		(0.047)
pt	−0.015	0.126	pt	0
	(0.096)	(0.093)		(0)
pb	−0.005	−0.00385	pb	−0.0443***
	(0.020)	(0.019)		(0.017)
Constant	−4.172***	−3.936***	Constant	0
	(0.441)	(0.42)		(0)

注：括号内为标准误差，*、**、*** 分别表示在 10%，5%，1% 上显著。

5.4.5 结论

本章的主旨是测算西部地区主要城市的产城融合度，并剖析影响产城融合水平的关键因素。选用西部地区 11 个主要城市（考虑数据可得性和样本可比性，剔除拉萨市）2003 年到 2017 年的样本数据，采用熵值法、GIS 可视法及面板数据模型等分析方法从产业支撑、功能融合和人本导向三个维度进行了实证分析，研究结论如下。

第一，西部地区主要城市的产城融合水平呈现上升趋势，但总体水平仍然较低。具体来看，重庆、成都、呼和浩特、西安、贵阳等城市的产城融合为融合型，其中，重庆市达到轻度融合水平；昆明、西宁、南宁、兰州、银川和乌鲁木齐等城市的产城融合为分离型。

第二，从 GIS 可视技术的动态发展情况来看，西安、成都、重庆、贵阳等城市的产城融合发展较快，而兰州、西宁、南宁、银川等城市的产城融合进展缓慢。

第三，在西部地区，政府的城镇化路径偏好、就业水平、城市规模、产业结构与产城融合水平有显著的正向相关关系，因此，地方政府作用、城市的规模、第三产业及工业发展水平、就业水平是影响西部地区产城融合的关键因素。

第四，将西部地区主要城市分为融合型和分离型两个子样本回归分析，结果发现，无论是融合型城市还是分离型城市，地方政府城镇化路径偏向、就业密度、城市规模和产业结构与产城融合度表现为显著的正向相关关系；城市工业产值密度、资本密度、对外开放水平、地方财政支出偏好 4 个变量在融合型城市与分离型城市中表现出截然相反的作用，它们与融合型城市是非显著的负向关系，而与分离型城市则表现为非显著的正向关系。可见，在城市发展到一定阶段，工业化水平、规模以上工业企业固定资产投资及吸引外商直接投资等在不同阶段的产城融合中发挥的作用不同；城市人均道路、信息化水平、城市教育水平和城市医疗水平 4 个因素在融合型城市和分离型城市中也表现出截然相反的作用，它们对融合型城市的产城融合起着正向作用，而在分离型城市中则表现为负向作用。

第六章

发达国家新区（城）产城融合的经验借鉴

现代城镇化的演进与发展，已经成为人类社会走向现代化进程中的标志性变革，但其同时经历着正向发展与负面效应相伴随的变化，表现为一个否定之否定的曲折演变过程。回顾工业化以来世界城镇化历史的发展轨迹，在事实上经历了三次可称之为“革命”的重大变化。深入研究百年城镇化的规律特征和革命性质，对于正确把握新时代中国特色城镇化道路的创新，无论在理论上还是实践上都有着非常重要的意义。[①] 本章将全面分析和总结发达国家城镇化演进和新区（城）产城融合过程中存在的问题、设计理念、阶段特征与经验教训。

6.1　发达国家城镇化演进的历史轨迹及其启示

6.1.1　第一次革命：向“城市病”宣战

20 世纪至今的经济发展史是迄今为止人类历史上最辉煌的，20 世纪以来城镇化也得到了长足的发展，达到了此前任何一个世纪都无法达到的高度。深刻认识 20 世纪以来城镇化演进的规律特征和革命性质，对于正确把握中国城镇化道路的创新具有很大的启发意义。无论在理论上还是在实践上，城镇化过程中出现的第一个革命性标志，就是二战后对早期城市

① 曹钢，何磊等 . 论马克思的城市发展思想与国际城镇化百年革命——兼论中国特色城镇化道路的创新问题 [J]. 陕西师范大学学报（哲学社会科学版），2012（5）.

化路径弊端认识的深化，并开始对“城市病”的宣战。

早期城镇化路径的弊端从其一开始就存在，但真正发展成典型的病态还是有一个过程的。这种路径是以剥夺农民利益、破坏农业生产为起点，以“城市瓦解农村”为基本运行模式的。马克思在论证资本原始积累时指出，由于耕地接连不断地变成牧场，结果苏格兰的地产使羊群赶走了人。[①]在那时，城镇化与早期的工业化相统一，其所需要的积累只能来自传统的农业，只能走生产要素由乡到城集中的路径。因为在当时的条件下，只有采取集中的方式组合生产要素，才能形成生产能力的创新，实现经济效益最优化。从这个意义上说，如果不把生产要素集中于一地一城，便不会有工业化的成功推进。所以，城市越发展，农村越衰败，城乡人口收入差距越大，城乡对立问题越严重。另外，城市越来越大，城市供给压力越来越大，城市贫困人口越来越集中，交通拥堵和环境污染问题越来越突出，社会矛盾越来越尖锐。因此，城市化是工业化的必然，瓦解农村是城市发展所必需的，现代城市的产生与发展同其与生俱来的城乡对立及“城市病”的发生，是一个过程的两个结果。英国是世界上最早走上工业化道路的国家，也是感受“城市病”最早、实行反“城市病”最早的国家。早期的英国城市化是在一种既无准备，又无模板的情况下进行的，基本采取放任自流的发展模式。企业家们全神贯注于生产，无所顾忌地追逐利润，却忽视了人们生存与生活最基本的需求。在新的生活方式与新的利润实现形式的刺激下，越来越多的人口涌入城市，致使城市难负重荷。

19 世纪初，英国的城市街道曲折狭窄，大多仍是中世纪市场集镇式的窄街小巷，也没有专门的人行道或车道，与现代城市人流物流的密集性流转需要极不相符。住宅更是参差不齐，贵族、金融家的豪华宅第和普通

① 马克思恩格斯选集（第 3 卷）[M]. 北京：人民出版社，1972.

居民的后街陋室并存于城市街头，大多数人的住宅破旧简陋[①]。环境污染严重，大量的工业废水与工业废气进入水体和空气，造成了严重的污染，城市卫生状况非常糟糕。1832—1886 年，伦敦就流行过 4 次霍乱，导致上万人丧命[②]。正是早期工业化和城镇化造成的这种弊端，引发了国家反“城市病”政策的产生，“二战”之后这便成为众多发达国家的共同的革命行动。

从实践的情况看，反“城市病”作为城镇化革命的举措，一方面是加快推进城市的现代设施规划和建设，形成有目标的发展和治理政策；另一方面，是限制城市的盲目膨胀重视引导人口由大城市向中小城市、由核心区向郊区转移，重视对农村的建设。仍以英国为例，针对严重的城市问题，国家通过中央和地方立法，开始着手制定符合城市现代化管理要求的发展计划。第一，实施对城市重要街道的规划与更新。例如，1866 年，格拉斯哥市市政会通过改善法案，对市中心约 88 英亩的区域进行重新规划，大刀阔斧地进行城区改造工程。拆除杂乱的无计划建筑物和大量贫民窟，拓宽市中心的街道，铺设人行道，规划公园绿地[③]。第二，改善市民居住条件。第三，腾出大量的公共空间。19 世纪 30 年代开始，英国一些城市的政府就开始为民众提供公园、图书馆等“合理的娱乐”设施。通过一系列具体措施，在各大城市建设起了初步的基础设施和公共设施，各个城市逐步具备了完整、有效的综合服务功能。[④]第四，改善公共卫生环境。1848 年，英国政府颁布实施第一部《公共卫生法》。1855 年，政府成立了城市卫生局，专门负责城市污水的排放、街道清洁、照明设备维

① 陆伟芳 . 19 世纪英国工业城市的环境改造 [J]. 扬州大学学报，2001.

② 梅学芹 . 19 世纪英国城市环境问题初探 [J]. 辽宁师范大学学报，2000.

③ Harold Carter & C. Roy Lewis. An Urban Geography of England and Wales in the Nineteenth Century, London: Edward Arnold, 1990.

④ 廖跃文 . 英国维多利亚时期城市化的发展特点 [J]. 世界历史，1997（5）.

护等工作。第五，初步建立社会保障体系，救济贫困群体。[①]通过这一系列的改造和城市功能扩展，城市从单纯的工作与定居的场所，变成工作、生活与休闲的地方，为城市经济的增长和社会的现代化发展提供了基础性支撑。[②]

对城市人口限制方面，英国在1942年发布了《斯库特报告》，并根据这个报告提出的原则，不断制定各类保护乡村的限制性法律，乡村人口转变为城市人口的速度明显放缓。50年下来，城市人口与乡村人口之比只增长了5%。在这期间，政府集中投资建设可以扩张的中心居民点，改善乡村住宅，建设较为完善的基础设施和公共服务设施，重视对生态环境和人文景观的保护，加快发展第三产业，使乡村中心居民点在经济、社会和教育上与城镇相同，生活在乡村与住在城镇相差无几。[③]今天我们走进英国的乡村，仍然可以感受到传统乡村的风貌，当然，那里的基础设施已经完全城镇化了，以至于它们成为一种乡村式的城市。[④]

法国作为一个老牌资本主义国家，城市化的起步也较早，但相对英国其步伐要慢一些。19世纪50年代，法国城市人口比重为25.5%左右。[⑤]也许正因如此，法国的反“城市病”带有主动性的特征。1853年起，法国发起了声势浩大的巴黎改建工程。改建后的巴黎面积扩大一倍，人口从1846年的百余万增长到1886年的230多万。[⑥]巴黎改建的示范效应带动了全国的城市化，尤其是马赛、里昂等大城市发生了与巴黎类似的变化。由于工业高速发展，法国城市急需劳动力，而农业机械化和专业化使农业就业人

① 张巍，刘婷，唐茜，王勤．新城产城融合影响因素分析[J].建筑经济，2018（5）.
② 同上。
③ 叶齐茂．发达国家乡村建设考察与政策研究[M].北京：中国建筑工业出版社，2006.
④ 石忆邵．产城融合研究：回顾与新探[J].城市规划学刊，2016（5）.
⑤ 简新华等．中国城镇化与特色城镇化道路[M].济南：山东人民出版社，2010.
⑥ 杨澜．法国现代化（下）[M].石家庄：河北人民出版社，2004.

口大量减少。1856—1866年，法国每年平均有13万人流入城市。到20世30年代，城市人口比重增长到56%。[①]

“二战”后的十多年间，法国在全国范围内再次开展了大规模战后重建工作，但这次重建的重点不是巴黎，而是除巴黎之外的一些可能成为“增长极”的地区。1950年以来，法国政府一贯坚持全国城镇化的均衡发展，制定了国土和区域空间发展规划。在一些特殊时期，如战后初期，中央政府还实行了约束巴黎的发展开发管理方式，而把大量的财力用于乡村地区发展新城，投资大型项目，发展地方的新“增长极”，进而带动其周边的乡村建设，追求城镇化在全国范围内的均衡推进。进入20世纪70年代，这些新城开始向外扩张，许多人开始向城市边缘地区转移，以寻求乡村风格的居住环境（叶齐茂，2006）[②]。同时，政府制定了一系列扶持乡村发展的政策，帮助农业实现向可持续发展和多功能的方向转型，全面提升乡村社会经济和生态水平。

美国作为后崛起的资本主义国家，又占据地大物博的优势条件，其城镇化过程虽短却比较快地出现了城市向乡村转移、扩展的变革。伴随着科技的进步，经济发展需要巨大的办公空间，加之通信和道路网络条件发生了巨大的变化，许多公司开始分散其经营部门，越来越多的就业者居住在郊区。郊区的土地较为廉价，税收也比城市中心低，主要公司总部也向郊区迁移。经过这个迁移过程，1960年以后郊区人口逐步超过中心城市城区人口。1990年，城市中心仅有全部就业岗位的36%，其余均在郊区和城市之外的地区，出现“逆城市化”的倾向。到2000年，美国郊区人口的比例已达到62%。一位美国学者曾说：如果这种倾向继续下去，估计在未来10年里，国家新增人口的80%将在郊区。这不仅意味着郊区人口的增长，

① 叶齐茂．发达国家乡村建设考察与政策研究[M]. 北京：中国建筑工业出版社，2006.
② 同上。

也意味着郊区就业的增加。①

总之，由于诸多特殊原因，“城市病”在各个发达国家城市化发展过程中的程度和“症状”有所区别，因而反“城市病”革命的政策、经过、强度也有所不同。但是这次革命的意义是非常深远和带有普遍性的。客观而言，众多“城市病”症状伴随城市的发展进程会继续困扰所有现代国家，要想将其根治，几乎是不可能的。然而正是有了这次“革命”的进行，城市才真正达到现代的水平，城市在不断地同自身病症的斗争中才得以继续发展，进而推动了城镇化革命的逐步深化。

6.1.2 第二次革命:“农村转变城市”兴起

百年城镇化革命的第二个标志，当属对农村发展的重视和扶持，直至“农村转变城市”路径的产生。它既是第一次革命的继续，又是在医治“城市病”过程中形成的城镇化发展理念和整体路径的创新。

需要说明的是，这里提出的“农村转变城市”与早期城市产生时一些农村由于工业发展和人口集聚而自发地演变为城市并非同一概念。它是指在已有城市发展造成城乡对立的条件下，由政府为根治“城市病”而进行一系列政策调整，使一部分农村加快发展并提高内生发展能力，最终形成“变身”、就地转变为新的“城”或“镇”的过程。而且，“农村转变城市”仅就“部分”意义上的城镇化路径而言。第一，它只是城镇化路径中的一种路径，绝不能当作城镇化路径的全部，或对原有城镇化路径形成完全替代；第二，它只是部分农村中的有条件的转变，并不是将所有农村都变成城市或完全“消灭农村”。正是在这个定位上，我们认为它作为一种由政府主动推进的政策性调整，是发生在城乡对立中的由“乡”到“城”（镇）

① ［美］奥利弗·吉勒姆．无边的城市——论战城市蔓延[M]．北京：中国建筑工业出版社，2007.

路径的成功实践，可称之为又一次城镇化“革命”。

在反“城市病”进程的后期，特别是20世纪50年代以后，西方发达国家都出现了城乡关系的理念性变化，这就是对农村、农业、农民价值的重视和对城乡均衡、均等发展的追求。20世纪80年代以来，法国一方面由原来的一般性地扶持农业和农村发展，转向对城乡进行大规模的重新规划，推行“乡村复苏”，大力度地推进乡村的发展；另一方面，把一部分乡村直接纳入城市的规划，形成城乡“空间”的重新配置，从而使城市发展同乡村建设有机地联系一起，一部分乡村直接转变为城市，形成了城市化路径的重大创新。①

法国1995年出台的《空间规划和发展法》提出，建立被称为“乡村复苏规划区”的分区规划。经过10年的空间规划，最终在全国范围内把它们确定下来。法国把乡村划分为三类：郊区乡村、新乡村、落后乡村。在郊区乡村，空间规划旨在保护已有的乡村居民点，结束对土地的过度开发；对于新乡村，空间规划旨在持续改善和提高基础设施和公共设施的水平，以便容纳增长的人口；对于落后乡村，空间和发展规划旨在为那些乡村创造出发展动力，让它们得以复苏。这个区域的规划面积约为法国国土面积的39%，涉及的人口约为总人口的8%。针对这个区域的规划，法国政府实施了新的包括发展经济、改善生活和保护环境三个方面的乡村发展政策。（1）在发展经济中，首要的是保护农业。农业不仅在经济上不可缺少，同时在环境和景观保护上也具有其他产业不可替代的功能，因此，新乡村政策特别重视帮助青年接管农场。此外，新乡村发展政策鼓励农民在从事农业的同时从事多种多样的非农产业，如支持手工业和制造业；支持商业性房地产业在乡村地区的发展；对旅游等新型产业给予税收支持。

① 叶齐茂.发达国家乡村建设考察与政策研究[M].北京：中国建筑工业出版社，2006.

（2）在改善乡村条件上，首要的是通过中央和地方政府的合作，提高乡村居民的住房条件，更新现存的住房，增加出租房；更新公共服务设施；提供网络服务设施和扩大移动电话的覆盖率。（3）在规划区域内，建设44个乡村自然公园，覆盖法国12%的国土面积、3690个乡村公社的行政区域和300万人口。新乡村发展政策还继续鼓励建设和管理国家公园及区域性自然公园；保护和使用湿地；保护山区和山区农业；通过土地整理的方式保护城市附近的农业和自然区域。①

法国进一步确认了政府以减税奖励为核心的新乡村复苏政策，鼓励人们去乡村或留在乡村从业。通过乡村社区间的合作，提高乡村的基础设施和公共服务设施的水平，改善居住条件，有效阻止农业人口减少，解决乡村社会和经济的结构性问题。由公共服务业联合签署的章程还确认，在全国范围内用财政资金建设300个乡村中心，推进自然、文化和历史遗产的保护；开发和管理生物资源；改善基础设施和公共服务设施；支持农业、制造业、手工业和服务业的技术革新建设项目，创造更多的工作机会，吸引更多的人口到乡村居住。法国政府还调整了可以享受这个新政策的“乡村复苏规划区”，将其扩大到法国国土面积1/3的地区②。

通过空间规划，提高了乡村居民点的容积率，在乡村居民点内增加新的住宅，提高乡村居民点基础设施和公共设施的使用效率。城乡人口流动趋于稳定，城市用地向内搞填充式开发。在这个填充过程中，乡村居民点逐步演化为城市郊区和城市核心区，生态环境和人文景观得到了保护，知识、信息成为经济发展的主导力量，农村产业非农化发展，商业性房地产和旅游业在乡村地区也得到了发展，城乡边界模糊，逐步走向融合。于是，一些村庄在空间规划上被直接划归为城市。在1990—1999年的10年

① 叶齐茂.发达国家乡村建设考察与政策研究[M].北京：中国建筑工业出版社，2006.
② 同上。

中，法国有677个乡村公社被重新划定为城市公社，同时有20个城市公社被划归为乡村公社。1999年，法国城市公社数目达到5954个，居住人口增加到4400万。因为城市用地是向内开发出来的，所以，从数据上看，城市用地总面积的增长速度大大快于1980年以前的速度，但是实际占用农田和林地的速度并不比城镇化的头30年快多少。“乡村复苏规划区”[①]成为城市郊区内在的和聚集的发育载体，也成为乡村城镇化路径的新突破。

德国是城镇化中特别重视农村发展的一个典型，其较早地把城镇化同推动乡村变革结合在一起。19世纪的初期，德国就提出了从农业社会向工业社会的转型，德国的乡村也随之发生深刻的变革。现代史上的第一个乡村更新计划，可以追溯到“乡村美化运动”。当然，真正系统的乡村更新计划直到20世纪才真正开始。1920年的普鲁士有关乡村重建的法律不仅延续了集聚乡村居民点的政策，还第一次确定了改善乡村生活的条款。1937年的《土地合并法》强制所有行政区必须改善乡村的生活条件。但是这些法律过于空泛，只有很少的具体项目得以执行。随着战争的开始，德国乡村的人口曾经有过快速的增长，但是，战争终止了改善乡村生活条件的全部计划[②]。

战后德国的村庄更新运动始于20世纪50年代早期。1953年7月通过的《土地整理法》提出，改变乡村居民点的布局是改善乡村居民的基本生活条件的重要措施。当时乡村更新的主要目标是改善村庄结构，而改善村庄结构的目标是改善农业结构，特别是通过土地整理，在空间上重新安排土地的拥有结构，以改变乡村居民点的布局和乡村土地的拥有结构过度分散的局面，增加农业的竞争性。在推进土地整理的同时，把居住在旧村庄

① 叶齐茂.发达国家乡村建设考察与政策研究[M].北京：中国建筑工业出版社，2006.

② 同上。

中的农户从村庄核心区迁到村庄的边缘。按照这项法令，到 1971 年，德国有 15000 户农户实施了搬迁[①]。

1976 年以后，这个法律几经修改，其核心原则并没有改变，但是，增加了乡村更新综合性的特征，村庄更新进入了一个新阶段。1976 年修改后的《土地整理法》提出了土地整理的三项内容:（1）改善农业和林业生产以及农业工人的工作条件，合理地组织生产以及实现对农林业的现代化管理;（2）保证乡村饮用水安全;（3）保护自然景观和生态环境。[②] 20 世纪 70 年代中期开始，德国乡村发展政策和理论开始改变，乡村文化景观的历史价值开始重新被发现，对它们的保护开始成为乡村规划的重要方面。1990 年的乡村规划政策，进一步反对大拆大建，坚持适当更新，保护历史遗产，把保护乡村居民点的历史性布局结构和乡村文化作为村庄更新的核心内容。[③] 所以，这个时期的村庄更新主要集中在村庄历史性的核心区域，他们希望通过适当更新，使这些核心部分得以恢复。经过几十年的实践，村庄更新从一个单一的农业发展措施，从发展农业的附属产品，演变为改善乡村生活条件的规划模式。[④]

1985—1990 年，随着工业和服务业的郊区化，生态和社会因素评估成为德国所有乡村更新规划的关键部分。20 世纪 80 年代村庄更新，90 年代生态恢复，到 2000 年以后，德国城乡人口流动趋于稳定。战后重建的一批核心地区居住人口为 7000 ~ 9000 人的地方居民点，更加关注生态环境和人文景观保护，知识、信息成为时代主导，农业产业非农化发展，城乡边界模糊，逐步走向融合，乡村逐步从生产空间变成了消费空间，成为城市人口倍加喜欢的稳定居住区。现在德国 40% 的人口居住在乡村，而从事

① 叶齐茂：发达国家乡村建设考察与政策研究 [M]. 北京：中国建筑工业出版社，2006.

② 同上。

③ 同上。

④ 同上。

农业生产的人口不超过 4%。①

在“农村转变城市”路径中，亚洲的日本和韩国更有特点。它们都开展了旨在加强乡村发展的“造村运动”和“新村运动”。20 世纪 70 年代末，日本以大分县为代表开展了“一村一品”的产业创新，大大提高了农产品在市场上的竞争能力和获利水平。在政府推动下，“一村一品”又带动了整个乡村市场体系的健全和完善，加强了城乡市场的衔接和融合，从而使整个城乡经济融为一体。在韩国，政府扶持乡村开展了大规模的基础设施建设和住宅更新，加快产业结构调整，推动乡村工业化发展，提高农民素质，促进收入水平提升。正是由于这些成功做法，日本和韩国城乡人口的收入差距得到弥合，甚至基本实现了均等化，完成了农村转变城镇的实质性变革。

与国际上重视乡村发展、加快乡村城镇化进程相呼应，在中国改革开放以来的城镇化进程中，主要是在改革开放步伐相对较快的沿海地区的城镇化发展中，也形成了“农村转变城市”的新路径。这就是坚持统筹城乡发展的思路，依托早先的大城市的辐射和带动，原有乡村不断接受来自城市优质资源的渗透；同时通过农业产业化、创办工商企业，发展壮大非农产业，提高农村的生产力、积累力和投资能力，在改造小农生产和自然经济增长方式的过程中，完成由种地到务工经商、农民到工人和市民、乡村到城镇的转化；由此在根本上淡化了城乡之间的界限，逐步发展到“村村似镇、镇镇似村，村与镇分不清”，直接创造了“新型”的城乡形态。

此外，中国的特殊国情以及改革开放的特有背景，决定了这种变革更具有与西方国家有区别的典型特征。在西方发达国家“农村转变城市”主要是伴随一些大城市疏散和郊区化过程发生的，受到疏散本身及城市扩张

---

① 叶齐茂 . 发达国家乡村建设考察与政策研究 [M]. 北京：中国建筑工业出版社，2006.

的影响和推动，即主要是城市中心区在向郊区、远郊区和卫星城的建设中，带动周边或外围一部分农村的发展而使其转变为新的“城”或“镇”。而在中国，“转变”则更多地依靠农民自我创业和农村经济自身变革。有数据表明，改革开放以来长江三角洲和珠江三角洲是城镇化步伐最快的区域，而城市人口的增加主要不是落户于原有的几个大城市，而得益于“农村转变城市”，原来的小城市提升为新的大中城市，大量县级小城市和农村小城镇得以扩张发展。城镇化率的提高，主要是由于中小城市和小城镇人口的增加。这便更加突出地表现了“农村转变城市”与传统的“城市瓦解农村”路径的性质差异和革命性价值。①

首先，城镇化推进主体不同。在“城市瓦解农村”模式下，农民和农村始终处在城镇化的被动地位并不断被边缘化，城镇化的推进主体是城市，是政府。农民要么盲目、自发地流入城市去寻找就业机会（在市场机制作用下），要么被政府批准迁入城镇落户（在计划经济体制时）。而在“农村转变城市”模式中，农民是城镇化过程中的创业者，他们在进行农业生产的同时，创办了工业企业，发展非农产业，推动产业结构调整和农村经济增长方式转变，进而通过生产力水平提高，开辟就业新途径，增强自我积累能力，改造生存环境，逐步成为新农村建设和新城镇建设的投资者，从而推动原来的农村转变为新的“城”和“镇”。可见，农民是“农村转变城市”过程中的创业主体、投资主体、建设主体，农村是变革动力的主要源泉。

其次，城镇化变革过程不同。在“城市瓦解农村”模式下，城镇化的过程伴随农民背井离乡、农村极度衰败下，农村的各种有效资源流入城市之中，城乡差距不断拉大，然后再由政府出资保护农业发展、补贴农民，

① 曹钢．中国城镇化模式举证及其本质差异[J]．改革，2010（4）．

使其收入提高。而在“农村转变城市”模式中，城镇化进程与农村资源的充分利用、农业现代化与非农产业发展、农村产业非农化与农民就业多样化、农村多元投资与农村经济结构变革、农村基础设施改善与城镇市区建设紧密联系在一起，农民就地创业、就地转业，城乡互补发展、一体发展，乡村转变城镇、城镇化水平提高同步进行，形成“农村变城市、城市更繁荣”的新局面。

再次，城镇化机制作用不同。在“城市瓦解农村”模式下，一种是禁止农民流入城市（计划经济），另一种是放任农民盲目流入城市（市场经济）。在前种情况下，城乡分割、城乡对立日趋严重并被固化；在后种情况下则会加大城市就业的压力，造就一大批城市极贫人口，造成社会的不安定。而在“农村转变城市”模式中，农民以农村生产为基本保障，有的在家创业，有的外出打工谋生；进城打工可进可退，有离土离乡的，也有离土不离乡的；在农村创业成功的，便坚持在农村发展；进城找到满意工作者，便在城市落户居住。总之，农民在城乡两个领域中创业，工业化在城乡两条战线上展开，农村变革与城市发展依存转换，传统的城乡矛盾在国家有控制、有步骤推动下化解，成为一个较为平稳和渐进式的转化过程。

最后，城镇化最终格局不同。在“城市瓦解农村”模式下，城市越建越大，城市越大与农村对立越严重，经济社会上城市与农村差距越大，政府保护和扶持农业、农民的压力越大。而在“农村转变城市”模式中，城乡、工农融合，农民在新农村建设中致富，在城镇化的过程中实现自我身份的转变；农村在原有城市辐射下发展，大量新涌现出来的中小城市和小城镇，成为原有大城市的有效支撑和群体拱卫；一方面优化了城市结构，使大中小城市（镇）协调发展，另一方面拉紧城乡关系，强化城市对农村的带动作用，构筑了城乡一体化发展的新格局。

还需强调的是，“农村转变城市”破解了传统城镇化路径的一些矛盾和问题，同时又具有与传统城镇化路径的兼容性，丰富了城镇化路径的多样化状态。“农村转变城市”主要走的是农村自我变革、农民自我创业的路径，但并不形成对城市辐射作用的排斥，相反在借助原有城市功能的作用下得以更好更快地发展。既是由乡到城的转变，又是以城带乡的发展，还可以形成对传统城镇化模式的补充或矫正。在全社会意义上，其与传统城镇化模式相融合，形成中国特色城镇化道路的整体创新。正因为如此，虽然“农村转变城市”同早期的反“城市病”举措相联系，并非一种完全独立的城市化道路，但它事实上开创了由“乡”到“城”的崭新路径，故而称得上城镇化道路上的又一革命性创新。

6.1.3 第三次革命：“区域网络型”城镇化模式形成

百年来的现代城镇化发展，不仅形成了反“城市病”革命和“农村转变城市”的城镇化实现路径的创新，而且产生了一种新型的城镇化构成格局。这种格局超出了传统意义上的城市自身结构问题，形成一种城市与区域以及农村的新型结构关系，这就是在城市疏散和“农村转变城市”及大中小城市协调发展伴随下，逐步地产生一种区域城镇化与城乡一体化相融合、相伴生的发展，即我们称之为“区域网络型”的城镇化模式。

“区域网络型”城镇化模式，是笔者依据国际上尤其是美国的相关研究而提出的。在美国，这方面的研究主要起源于对城市“蔓延现象”的研究。人们对它的定义和评说也各有侧重，褒贬不一。城市蔓延本身是一种较长的演变过程，早期的蔓延与几十年以后的蔓延，其背景条件和规律特征已有了本质的不同，于是又派生出众多的相关概念，诸如“城市区域化”“大都市区域”“区域网络”“区域城市”“无边界的城市”“城市地区”“城市郊区”“无限的城市”“都市型国家”等一系列相互关联又不尽一致的概念或名词。

分析这众多的研究，笔者形成这样一种观点，城市蔓延作为一个城市的扩张过程，在近百年的演变中经历过一系列的方式和形态转变，20 世纪 80 年代后产生出一种新型的城镇化模式。这种模式的基本特征是，依托一个或几个大城市，通过城市自身的郊区化、远郊区化扩大或跨越式推进发展，形成区域性产业转化和产业集群性发展，同时借助现代交通、现代通信、现代物流等网络化联系，产生一种大都市圈经济或多个大城市联系下的众多中小城市相融合的区域性经济。这种区域性经济发展是在一系列有形的（如城际交通、高速公路和各种硬件设施）或无形的（如各种性质的经济联系、人文关系等）网络联系中，实现区域性城镇化与城乡一体化的相互渗透和融合。

据此笔者认为，这种“蔓延”发展虽然也许并没有多少可贵之处，但在事实上带动了城镇化发展模式的重大创新，即由原来一个城市的自身发展跨越到大区域的整体性泛城市化发展，产生出一个大区域内城乡一体的新格局。从这个意义上说，值得我们称道的并不在于所谓的“大都市”的大，也不在于“区域化城市”本身的形式，而在于它依托现代网络经济的崭新条件，开辟了一条区域性城镇化与城乡一体化的双重创新路径，破解了传统城镇化路径下“城市越大而城乡对立越突出”的矛盾。因此，既不能把它看作一个或数个城市孤立的发展，也不能沿用早期的城市郊区性扩张来解释这种新的发展，而应该将其视为一种适应网络经济新时代而出现的“区域网络型”城镇化新模式。

其实在美国，众多学者也充分地肯定了这种“蔓延”在城镇化路径上的创新价值。例如，他们说：“蔓延（无论它是城市的蔓延还是郊区的蔓延）是20进纪后期郊区发展的典型形式。”[①]“郊区化是郊区发展模式在一个区域或一个国家的扩散，即城市化的蔓延形式在一个区域或一个国家的扩散。”[②]他们还明确说明，在这种区域中包括“不同的城市、镇和县”,“甚至没有一个单一的主导城市中心。它们是多中心的。”[③]“大都市区内的社区有了越来越多的共同利益，原来创造的行政边界形同虚设。”但也“可能把它们的利益置于整体区域利益之上”。[④]“在大都市区域内，郊区无论在地理面积、人口和就业岗位上都比城市要强。蔓延支配了我们的大都市区。我们可以给蔓延下这样一个定义：蔓延是一种城市化的形式。……我们已经把在一个区域内广泛使用这种模式定义为郊区化。”[⑤]而“我们的郊区不再是字面意义的‘郊区’了。城市和郊区共同创造了当代的大都市区域，而这些大都市区域成为我们社会基本的经济单元。”[⑥]

遗憾的是在我国，众多研究仍把这种新模式简单地概括为一个城市的“郊区化”现象，或笼统地定性为“高度城市化阶段”，这并不能反映这种新模式的创新价值。如前所述，美国学者虽然还使用“蔓延”或“郊区化”这样一些名词，但这只是一种习惯性的沿用，其实质内容已经发生了重大变化，与将其看作一个大城市的发展或大城市郊区扩大完全不是一回事。至于所谓“高度城市化阶段”的说法，当然并不错，但问题是它并没有反映出这种“高度”发展的阶段特征及性质差异，故而是有欠准确的。简言之，我们认为发达国家城市化的“高度”发展，更加有利于对城乡对立的消除，形成了城镇化向区域城乡一体化迈进的一种新跨越，事实上也表现

① 梁学成．产城融合视域下文化产业园区与城市建设互动发展影响因素研究[J]. 中国软科学，2017（1）.

② 同上。

③ 同上。

④ 同上。

⑤ 同上。

⑥ 同上。

出一种城镇化的革命性质。所以，把它定名为“区域网络型”城镇化模式是比较切题的。

一个很具有权威性的国际考察报告《发达国家乡村建设考察与政策研究》也证明，发达工业化国家城镇化率在达到50%以后，其有关乡村建设的政策，可以分为5个“里程碑”式的演变过程，而最后（第五阶段）即进入“城镇区域化阶段”。事实上，发达工业化国家的城镇正进入一个区域化的阶段，这属于“后现代城市的特征”[①]。依据这个权威考察报告和其他一些相关的研究，我们认为这种“后现代城市的特征”，在当代发达国家已具有一定的普遍性，其正是“区域网络型”城镇化模式的典型产物，大体可以归结为五个特点。

第一，城乡基础设施条件、经济社会发展实现了一体化。过去只有城市享有的各种设施条件，现在普通的农村也可以享有，包括家庭污水处理、村庄游泳池、湿地花园等近乎奢侈的设施，在农村一应俱全。更重要的是，农村已很好地实现了可持续发展，人们的“生活方式酷似自给自足的‘桃花源’，但是，那是一个现代技术下的‘桃花源’。他们否定了现代化的弊端，接受了‘桃花源’天人合一的自然观”[②]。19世纪中叶以来，城乡经济一体化逐渐成为主要发达国家社会经济发展的主流。[③]随着工业化和城市化的完成，现代大工业又为农业的现代化提供了物质技术装备、新的组织形式和新的经营管理理念，在生产力高度发展的基础上，发达国家的工农差别、城乡差别明显缩小了，现代城市文明在农村得到了普及。[④]

① 梁学成．产城融合视域下文化产业园区与城市建设互动发展影响因素研究[J]. 中国软科学，2017（1）．

② 叶齐茂．发达国家乡村建设考察与政策研究[M]. 北京：中国建筑工业出版社，2006.

③ 同上。

④ 颜丙峰．产城融合发展的现实考量与路径提升——以山东省产城融合发展为例[J]. 山东社会科学，2017（5）．

第二，城市发展向区域化转变，形成了经济和社会一体化的大都市圈。城市发展理念发生了变化，由忽视农村建设转向强调“城乡等值”和“城乡均衡”；由重点发展大城市转向重点发展郊区、卫星城市和小城镇；由“城市瓦解农村”转向“以城带乡”和“农村转变城市”。“二战后50年，老欧盟的城镇化主流方向是原先的乡村人口就地改变他们的生产生活方式，人口不一定是向人口密度较高的地区转移，而是留在原先的乡村地区，在那里建设起一座座‘新城镇’，造就了‘无数的城镇’”①。“美国国家统计局所定义的城市化区域，是指每平方千米人口至少为1000人的地区，这些大都市区在功能上与大规模人口核心区以及周边的城市化社区紧密相连，并在经济和社会上形成一个整体。”②以纽约大都市来说，整个区域“包括33678平方千米和三个州，从乡村湿地到曼哈顿的摩天大楼那里都包括，整个纽约是由800个城镇机构管理着，纽约并不是一个很容易把握的区域”③。

第三，城市间功能分工密切协调，人们已完全生活在网络中，经济也完全成为一种网络经济。在美国，基本上形成一种包括不同级别的城市、大都市区、大都市连绵带的网络联系和结构组合。大都市连绵带是由大都市区组合而成的，在这种组合中，各个大都市区在大都市连绵带中发挥着不同的功能，每个城市各具独立性和特色，而整个大都市连绵带保持着整体功能的完整性，是多种城市职能的复合体。大都市连绵带一般是一个国家或地区经济较为发达的城市化区域，它在区域发展中处于“核心”地

① 颜丙峰．产城融合发展的现实考量与路径提升——以山东省产城融合发展为例[J]. 山东社会科学，2017（5）.

② 叶齐茂．发达国家乡村建设考察与政策研究[M]. 北京：中国建筑工业出版社，2006.

③ 梁学成．产城融合视域下文化产业园区与城市建设互动发展影响因素研究[J]. 中国软科学，2017（1）.

位，并对区域经济社会和文化等产生多方面的影响。[①]“无论对于一个企业还是工人，经济成功的最重要的因素就是能够接近所有的网络：工作网络、资金网络、观念网络、雇主和顾客的网络。在这种网络经济中要想成功，唯一可以确定的途径就是，居于‘网络都市’中。在‘网络都市’中，所有的网络如此接近，网络间的联系畅通无阻，既不需要在交通上进行多少投资，也不会为长途电信发愁。”[②]

第四，在居住方面都出现了“逆城市化”现象。许多人工作在城市，而居住在农村，农村成为富人首选住地。“据欧盟2005年的统计数据，尽管从事农业生产的劳动力占整个就业人口的比例为3%～4%，但是，欧盟50%左右的人口居住在占国土面积90%的农村地区，而另外50%的人口居住在占国土面积10%的城市地区。”[③]1950—1970年，美国城市外围的住宅从占整个城市住宅面积的23%上升到37%。美国郊区人口从1950年的4023万人增长到2000年的1.4亿人。同期美国郊区人口的比重由26.7%增长到49.8%。从1950年到2000年，美国城市人口增加了1.3亿人，其中约有77%住在郊区[④]。

第五，城乡定义的内涵发生了变化。众多发达国家都非常重视对农民收入的提高，有的已实现城乡收入基本均等，农民的收入中很大一部分是从国家的资助或补贴中获得的，基本公共服务也与城市人口没有什么差别。鉴于这种城乡经济差别的弥合，传统意义上的“城乡对立”已不再存在或不是主要问题，对城、乡（村）划分的标准，转变为按每平方千米居

① ［美］彼得·卡尔索普、威廉·富尔顿．区域城市——终结蔓延的规划[M].北京：中国建筑工业出版社，2007.

② 颜丙峰．产城融合发展的现实考量与路径提升——以山东省产城融合发展为例[J].山东社会科学，2017（5）.

③ 苏林，郭兵，李雪．高新园区产城融合的模糊层次综合评价研究[J].生态经济，2014（6）.

④ 叶齐茂．发达国家乡村建设考察与政策研究[M].北京：中国建筑工业出版社，2006.

住人口的数量，即从人口居住密度上加以区分。按照“经济合作和发展组织”的标准，人口密度小于每平方千米 150 人就是乡村。[①]

基于以上认识，我们对这种“区域网络型”城镇化新模式作出这样一个界定，它发端于对“城市病”的医治，尤其是对大城市弊端的应对；依托城乡现代生产力和一体化现代设施的发展，建立在网络经济的基础之上；在城市对郊区、远郊、乡村辐射和带动下，形成产业、就业转移，相应完成乡村就地向城镇的转变；顺应市场作用和政策引导，实现城乡人口经济收入差别的弥合和区域整体城镇化相融合的发展。所以，它把原来城市化中“城”的含义，转变为一个“区域”的概念；把原来“区域”中的城与乡对立，转变为城乡“一体”性的发展；把原来固化在一些特有设施上的经济联系，转变为众多有形或无形网络的联系、渗透和覆盖下的现代交往关系。它是一个更大区域的城镇化，是区域城乡一体性的城镇化，更是以现代网络经济发展为基础的国家级的城镇化。既顺应消灭城乡对立的历史客观趋势，又体现城镇化在理念和路径上的整体性变革，因此是一种现代新型的城镇化发展模式。

6.1.4 发达国家城镇化三次革命的启示

通过对 20 世纪以来一百多年来的城镇化演变进行较为系统的研究，我们提出城镇化的三次革命，原因就在于其事实上体现了城镇化演变中的三次重大进步。正确地认识这种客观规律和演变中的进步性，是正确把握中国城镇化道路所必需的。毫无疑问，所谓“中国特色城镇化道路”理应是一条既遵循历史发展规律，又能够很好吸取历史教训，且具有一定前瞻性的道路。有鉴于此，我们有必要对以下几个问题进行深入思考。

---

① 颜丙峰 . 产城融合发展的现实考量与路径提升——以山东省产城融合发展为例 [J]. 山东社会科学，2017（5）.

第一，如何看待新时代城镇化道路变革的实质？什么是城镇化，其意义何在？从传统意义上说，城镇化就是把农村的各种有效生产要素都集中到城里去，让农民到城里就业、居住，成为“城里的人”。所谓“城镇化水平”，是指城镇人口占总人口的比重。现代意义上城镇化的实质何在呢？其根本不在于人口集中，而在于对城乡间“经济社会整体素质”差别的化解。“二元结构”在本质上是传统的小农生产方式和自然经济发展方式，与经历了工业化的城市社会化大生产和市场经济不衔接；而城镇化就在于解决城乡之间产业、市场、发展方式、设施条件、生活水准、文化精神、公共服务、社会保障、管理方式、治理模式等方面的对接和均等化问题，即实现城乡“经济社会整体素质”少差别或无差别。那么，这两种“实质”观究竟哪种更符合现代城镇化的发展趋势呢？这最终将关系到对城镇化路径的选择。对于这个问题，我们认为：其一，城镇化不应该是“目的”，更不能为了“城镇化”而城镇化；其二，城镇化不应该是随意发生的，每种城镇化路径模式都是一定生产力水平和客观条件的产物。早期的城镇化是同早期的工业化相统一的，是当时条件下生产集中的需要和必然。而现代意义的“区域网络型”城镇化模式，实则也是现代生产力和信息时代的产物。随着现代化基础设施向乡村延伸和普及，尤其是信息革命的发生，传统意义上受制于时空因素而存在的生产要素不集中于一地（一座城），便不能实现工业化和现代化的“硬约束”，逐渐淡化以至基本消除。现代交通、现代通信、现代物流、现代交易和交往方式的高端化和普遍化，将逐步使现在只有城里才能进行的生产和城里人才能享受的生活，普及到农村。居住在哪里将不再成为城乡人群生活水准差异的主要原因，也不再具有区别生产力水平和现代化程度的性质，城市人口的比重也不再是衡量城镇化水平的标准。

第二，中国特色城镇化道路的主要“创新点”在哪里？今天我们都在讲“中国特色的城镇化道路”，但是大家对它的定位并不一样。如前所述，我们认为中国特色城镇化道路的“创新点”，主要在于城乡关系的统筹把握。“城镇化”本来就是一个由“乡”变“城”或“镇”的过程，涉及城与乡两个方面。传统城镇化的路子和对其研究的基本倾向是重城而轻乡，认为城市进步而农村落后，只强调城市带动农村而忽视农村自身的变革和巨大的变革潜力，将农村和农民完全置于被动和消极的地位，先是任意“瓦解”，而令其衰败；后又迫于无奈，不得不加以“保护”。在对“创新”问题的讨论上，也是就城市讲城市，主要集中在对以走大城市为主的道路还是以发展中小城镇为主的道路的选择，完全忽视了如何由“乡”变“城”和走什么路子实现好这个转变的根本问题。因此，我们认为中国特色城镇化道路创新，一定要走出孤立地研究“城”的“发展”一个方面的思路，要立足于农村和城市两个领域的发展和两者的依存性转变，甚至把推进城镇化发展的重点放在“乡”的方面。一方面继续加快城市的现代化建设，提升城市对乡村的辐射性和带动能力；另一方面鼓励农民自我创业和农村工业化、非农化发展，加快农村的现代化进程。

第三，如何发挥好政府对中国特色城镇化道路的推进和引导作用？中国城镇化是与经济体制转型相伴推进的，而经济体制转型又是在政府的主导下进行的。因此，如何发挥好政府对城镇化的引导功能至关重要。按照工业化国家的经验，城镇化率达到 50% 是政策调节的最佳切入点。当前，中国的城镇化率已然超过 50%，其经济结构已具备了加快调整的条件。然而，目前学界对中国城镇化道路的认识尚未完全达成一致。对此政府应鼓励开展广泛研究和讨论，以推动统一认识的形成。一定要引导和鼓励人们从未来现代化发展的趋势上把握城镇化道路的选择，而不在传统城镇化路径和模式中转圈圈。发达国家的学者们非常重视对“未来”城镇化道路和模式的探讨和研究，而我们却常常忽视从这种趋势上想问题。当前全国有些城市在追求所谓“国际大都市”的发展目标，然而大家都是在扩展城区面积和增加城市人口上下功夫。一个城市发展成败如何评价？鉴别的标准并不是它的城区有多大、人口有多少，而应看其是否有利于产城人融合、城乡一体发展的真正实现，是否有利于城乡两个领域发展潜力的充分发挥，是否有利于城乡人民幸福指数的共同提高。[①]

6.2　发达国家新区（城）产城融合的阶段特征

产业新城建设最早起源于英国。“田园城市”思想是新城建设的源头。以美国、英国、法国等发达国家为代表的世界范围内的新城建设运动，在“二战”后的三四十年间蓬勃发展。新加坡作为“花园城市”的典范，在城市规划及构建理想家园方面积累了丰富的经验；亚洲的日本和韩国两国在应对大城市过度拥挤和住房短缺、新城镇的区域一体化发展等方面进行了诸多有益的实践。

西方发达国家大都市区域内的新城建设大多呈现共同的发展趋势：从单纯的卧城，到提供就业机会的半独立卫星城市，到居住就业相对平衡、功能相对独立完善的节点新城，再到综合考虑区域整体发展的创新型新城等多个阶段。

第一阶段新区（城）建设（战后初期）中，在经济发展方面，随着工业化进程加快，城市变得异常拥堵，污染严重，大城市病严重影响了城市生活。为了解决城市病问题，促进经济不发达地区的经济发展，大都市在空间上开始向外扩张，在郊区建起了新区新城。这一阶段新区（城）建设中存在的问题，主要表现为功能单一，发展动力不足，对中心区域过于依

① 曹钢，何磊，曹大勇．论马克思的城市发展思想与国际城镇化百年革命——兼论中国特色城镇化道路的创新问题 [J]. 陕西师范大学学报（哲学社会科学版），2012（5）.

赖。英国的史蒂文乃奇是这一阶段新区（城）建设的典型代表。

第二阶段新区（城）建设（20 世纪 50 年代中期至 60 年代中期）中，经济实现快速增长，大都市集聚能力趋于饱和，通过项目带动在大都市外实施大规模的产业基地开发，新区（城）成为地区经济的新增长点。这一阶段新区（城）建设中存在的问题，主要表现为缺乏生机、反磁力吸引力不足、新区（城）整合力不足。

第三阶段新区（城）建设（20 世纪 60 年代中期至 80 年代末）中，经济持续快速发展，在城市发展政策方面以区域多核心发展战略为主导，重点构建与中心城市反磁力系统。这一阶段新区（城）建设中存在的问题，主要表现为发展弹性有限。英国的伦康新城是这一阶段新区（城）建设的典型代表。

第四阶段新区（城）建设（20 世纪 90 年代至今），美、英、法等国家的经济都已达到中等发达水平，在城市发展政策方面以抑制大都市圈的过度集中为主导，重视新区（城）在区域发展战略中的作用。美国的威灵顿新城是这一阶段新区（城）建设的典型代表。

无论是城镇化发展的历史，还是新区（城）发展的历史都告诉我们，百年城镇化道路变革历史轨迹和新区（城）建设阶段性特征的大趋势就是由限制大都市区域发展转向促进区域平衡发展，由城乡对立转向城乡一体。在这一演变过程中，产业协同、融合发展起着主导作用。

6.3 发达国家新区（城）产城融合的基本经验

6.3.1 要有制度的保障和政策的引导

在新区（城）建设的过程中，各国政府都制定并出台了与之相配套的政策和法律以保证工程项目的顺利推进。如英国的《1946 年新城法》和《1976 年新城法》，美国 1968 年的《新城开发法》和 1970 年的《住房和城市发展法》，法国则制定了《1960 年新城法》和《1983 年新城法》，日本有《新住宅街市地开发法》和《土地区划整理法》。新区（城）立法一般包括一系列特殊政策，如机构设置、土地政策、环境保护、资金筹措、住宅标准等多个方面的政策，有些国家和政府为了提升新区（城）的建设质量，会规定给予参与新城建设的团体或私人以一定的政策优惠。有的国家或地区成立中央直接领导的机构组织来领导新城建设，有的国家聚集各方面专家成立研究机构对建设中的问题进行研究、指导。新城开发机制的设计上一方面要充分发挥企业的能动性，另一方面要强化政府的调控作用，政府在土地供给、公共设施配套建设等方面要把好关。

6.3.2 要提高新区（城）吸引力和综合竞争力

新城的产业发展定位要形成相对城市中心区的“反磁力”效应，这就要求在新城建设过程中科教、文化、商业、娱乐、就业、医疗等功能设施必须一应俱全。第一，基础设施建设要适度先行。参照西方发达国家在新区（城）建设中已有的经验和教训，大型基础设施建设必须由政府部门统筹规划和指挥，并且要制定专项基础设施运营财政补贴办法，给予必要的政策性优惠，以保障新区（城）基础设施的有序运转。第二，要提供服务设施配套的居民社区。新区（城）建设的首要目的是吸纳和分流主城区密集的人口，所以，建设设施配套良好的住宅是首要工程。为了增强新区（城）的吸引力，满足入住居民对高品质社区环境的需求，西方一些发达国家和地区不仅从社区住宅的建筑角度进行了细致研究和认真规划，而且把周边环境优化、美化作为打造高品质社区的重要组成部分，力争通过建设生态环境优质、服务设施齐全、文化生活多彩、交通条件便利、通信网络完备的高品质社区来提升新区（城）的吸引力。第三，要拓展充足多样的就业渠道。西方一些发达国家和地区的实践经验证明，在新城建设过程中必须积极规划和发展符合自身定位和比较优势的产业，实现新区（城）的职住平衡，进而达到疏解、截流和承接主城区人口和部分功能的作用。

6.3.3 要有明确健全的产业功能

国际经验表明，一个产业新城要想发展为独立性新型城市，必须具有多元化的产业结构体系及相应的就业体系。在新城建设过程中要突出其产业功能，并兼顾新城综合功能的培育。一是注重特色产业，且将其布局于交通轴上。根据发达国家的经验，产业新城须在分析宏观环境与中心城市的关系及新城自身的产业发展实际的基础上，立足现有资源优势、区位条件和发展基础，作出有利于自身长期发展并符合产业发展规律的战略定位。以主导产业和龙头企业为支撑，努力培育特色产业，提高产业效率，增强产业竞争力。产业宜布局在交通轴上，以利于缩短区域间的时空距离和经济距离，提高产业效益。二是形成新城之间主导产业的分工及协调型竞争优势。各个产业新城的主导产业需要使专业化与多元化相结合，积极培育和发展群落化、多元化、配套协作的产业集群，形成产业链接，放大投资乘数效应，增强空间聚合及产业黏性。

6.3.4 要确定新区（城）合理的开发规模

西方一些发达国家和地区新区（城）建设的实践经验证明，在大城市周边建设新区（城），必须在准确评判自身实际条件和客观发展需求的基础上设定建设规模，还要综合平衡考虑市政公用设施、公共服务设施、交通设施、生态绿化等配套的个体经济效益最佳和整体经济效益最佳。国外新城规模的确定一般有三种方法。一是根据开发商投资能力进行预测。二是根据适用土地大小和市中心疏散人口计划进行预测。从国外新建设的经验来看，能够自我平衡的产业新城规模大多为30万人左右，以20万~25万人作为最优化人口规模。三是根据三次产业就业比重而推测总人口。

6.4　本章小结

本章首先从城镇化历史进程中城乡关系变化视角，对英、法、德、美等发达国家百年城镇化的演进轨迹进行比较研究，发现百年城镇化发展历史中表现出三次变革，依次为：向“城市病”宣战、“农村转变城市”兴起、“区域网络型”城镇化模式形成。“三次革命”事实上体现了城镇化历史演进中的三次重大进步，而正确地认识这种客观规律和演变中的进步性，是准确把握新时代中国特色城镇化道路创新所必需的。其次，分析总结发达国家城镇化演进中新区建设的阶段特征，发现西方发达国家大都市区域内的新城建设大多呈现共同的发展趋势：从单纯的卧城，到提供就业机会的半独立卫星城市，到居住就业相对平衡、功能相对独立完善的节点新城，再到综合考虑区域整体发展的创新型新城等。最后，总结发达国家新区（城）建设的主要经验：要有制度的保障和政策的引导；要提高新城吸引力和综合竞争力；要有明确健全的产业功能；要确定新城合理的开发规模。

第七章

国内先进地区新区（城）产城融合的典型案例

自20世纪90年代以来，国内设立了一大批国家级新区（城）。本章选择其中有代表性的国家级新区（城）作为案例研究样本，通过梳理典型国家级开发区在不同城镇化理论指导下产城融合的发展水平及特征，从中总结西部地区国家级新区（城）的发展经验与教训。

7.1 苏州工业园区

7.1.1 苏州工业园区产城融合的发展历程及特征

自1994年动工建设以来，苏州工业园区产城融合的城镇化发展历程可以概括为两个主要发展阶段。在不同的发展阶段，其建设的重点与发展的主基调都体现出梯度演变和功能转换的特征，而且形成了相应的演进路径。

（1）"以产兴城"阶段（1994—2004年）

在这一阶段，产城融合的主题是"以产兴城"，发展的主基调是"大动迁、大开发、大建设、大招商"，高品质产业基础的建立和区镇分工体系的确立成了发展的关键点，主要以新型工业化带动农村的城市化。从表面上看，苏州工业园区这一阶段的发展与国内其他经济开发区初始阶段的发展并没有多大区别，但其内在实质却有着明显的差别。这一阶段园区建设的重点在于推动产业大发展，通过产业的发展集聚大量的外来人口，生产生活的配套需求随之大幅增加，城区生活的功能性要素逐步形成。然而，我们通过苏州工业园区在“以产兴城”这一阶段所走过的路径，与其他陷入“产城分离分裂发展”窘境的地区对比，发现其在初始阶段的产业选择，产业与城镇关系、园区与周围区镇关系方面的处理，明显存在着一些影响后期发展路径的关键要素。至 2004 年底，园区二、三产业增加值占 GDP 的比重达到 99.4%，农业增加值占 GDP 的比重不到 1%。人均生产总值按常住人口计算接近 2.4 万美元，城镇化率超过 90%，均已全面达到或超过国际公认的后工业化发展阶段水平，环金鸡湖周边城市建设加快推进，苏州东部新城的雏形开始展现。

（2）“产转城升与产城共荣”阶段（2005 年至今）

进入 2000 年以来，随着前期引进项目的建设完工和投产，园区内土地、劳动力等生产要素的价格不断攀升，苏州工业园区产城融合发展也与此同步进入第二个发展阶段。在这一阶段，“产转城升与产城共荣”成为发展主题，产业转型升级与区镇一体化发展成为关键词，品质提升的城市现代化成为发展的主基调。如果将第一阶段产城融合发展的基本特征概括为“带动式”“联动式”和“滚动式”，那么第二阶段推动工业园区产城融合发展则是难度高得多的区镇一体化，以及城市功能气质和产业发展的协调与匹配。在一定程度上，前一个阶段可以视为产城融合城镇化的初级版本，注重工业化进程的启动和城镇化的顺利开展；后面这个阶段则是产城融合发展的升级版本，需要的是区域城镇化品质的塑造与提升，重点在于产城融合质量的提升、品牌的升级，着眼于动态和可持续增长。①

① 何磊，陈春良 . 苏州工业园区产城融合发展的历程、经验及启示 [J]. 税务与经济，2015（2）.

7.1.2 苏州工业园区产城融合的经验

回顾苏州工业园区过去20多年产城融合的发展历程，与其他同一时期开始发展的产业园区或者开发区相比，其在产业发展方面所取得的成功，很大程度上得益于“先行先试”的政策级差效应。苏州工业园区在城市建设与产业发展互促并进方面所取得的显著成就，似乎更有些“天时地利人和”的“运气”。在产业园区开工建设的初始阶段，恰巧遇到欧洲和美国跨国公司将产业向全球转移，以及新加坡对产业结构进行战略性大调整。此外，工业园区与大上海毗邻的显著区位优势和作为中新两国政府的第一个合作项目，自然受到两国政府高层的关怀。但是，认真研究苏州工业园区产城融合的发展历程，可以看到，工业园区在探索产城融合发展的新型城镇化道路过程中所取得的成功，绝非单纯地依靠“运气”和“先行先试”政策级差效应，应该是在理念引领、规划前瞻、产业体系、城市功能和发展更新机制等方面的综合性胜出。这些方面的协同让苏州工业园区“幸运”地在过去的20多年中走出了一条产城融合城镇化的新路。[①]

（1）理念引领为先：现代产城融合发展理念为园区产业繁荣与城镇建设协调并进埋下了成功的种子。和其他地方开发区的产业先于城市发展的理念不同，苏州工业园区从建设初期就坚持产业发展与城市建设并进，奉行产业发展与城镇建设同步的现代化发展理念，从一开始就摒弃单一发展工业的模式。工业园区在发展早期，就明确提出了“建设具有国际竞争力的高科技工业园区和国际化、现代化、园林化的新城区”的发展目标。与此同时，在城市建设理念上，坚持“园区即景区、商务即旅游”的理念，高标准建设了湖滨公园、李公堤、摩天轮、桃花岛、圆融天幕街区、斜塘老街等一批城市景观工程，巧妙地实现了现代景观和苏州特色、国际时尚

① 何磊，陈春良．苏州工业园区产城融合发展的历程、经验及启示[J].税务与经济，2015（2）.

与江南水乡、西方文明与东方文化的有机融合。在具体城市功能布局优化方面，园区一直以来非常注重城市功能合理布局，构建形成了“4+3”商业布局体系，即“城市99级商业中心、片区级商业中心、邻里级商业中心、居住小区配套商业”四层级城市商业体系，以及“特色商业街区、轨道交通枢纽商业、休闲旅游区商业”三类专业商贸功能区。园区现代化的产城融合发展理念，在园区早期确定如何“对待”和处理与周边乡镇的关系中体现得尤为明显。如何妥善地处理产业发展与城镇建设的关系，处理好中心区与周边区域的功能次序，正是产城融合可持续发展的关键。最初，在工业园区的行政版图上，80平方千米的中新合作区位于这块区域的中心，娄葑、唯亭、胜浦三个乡镇分布于其周边。对于如何处理合作区与周围乡镇的关系存在争议。一般经济开发区的区内区外两个样，先集中力量发展区内，而后兼顾辐射乡镇。与这一传统思路不同，苏州工业园区在高水平推进中新合作区开发建设的同时，摒弃了传统乡镇发展模式，将三个原有的乡镇定位为城市副中心，实行中新区与乡镇在城市规划、基础设施、产业布局等方面的全面对接。按照城乡一体化的标准，把周边各镇纳入区域整体布局和产业分工体系，从产业发展到基础设施再到公共服务，都高标准地实现对接，努力以规划一体化促进功能一体化，在更高层次上推进城市现代化和农村城市化进程。后来园区发展的事实证明，正是建设初期这种先导性的现代化产城融合发展理念，为苏州工业园区更好地以工业集聚带动人口集聚、以人口集聚促进商业繁荣，带动区域整体提升和发展，为在更高层次上实现生产、生活、生态的有机结合，创造了极为有利的空间条件。①

（2）规划前瞻性为上：科学且具有前瞻性的规划为园区产城融合发展的顺利推进提供了重要的制度保障。产业发展与城市发展的协调融合关键

① 何磊，陈春良.苏州工业园区产城融合发展的历程、经验及启示[J].税务与经济，2015（2）.

在于产业布局与各功能区布局的科学性及规划的完善性，作好产业规划与城市规划、土地规划和园区规划等多种规划的衔接。苏州工业园区在建设初期的规划中就坚持了区镇统筹发展的全局规划思路，把乡镇规划放在整个行政区域的大背景下谋划设计，按照城市化的标准规划统一对乡镇基础设施、产业发展和教育、卫生、商业、文化、娱乐等社会事业资源进行优化整合和合理布局，这样做不仅有效地避免了国内不少开发区发展过程中出现的分散、重复、低水平开发现象，同时也有利于对镇区商业中心、工业区、住宅区等各项功能进行科学合理布局，确保形成优美的城市形态，也有效提升了周边乡镇接受园区辐射带动的能力。在规划理念的前瞻性方面，园区从一开始就确立了一步规划、分步实施的开发原则和先规划后建设、先地下后地上、先二产后三产、先基础设施开发后商业地产开发的程序，在秉承发展工业的同时，逐步强化商务服务功能，并从总体规划上确立工业向基地集中、人口向社区集中的建设理念，树立惜土如金、尽善其用的观念。在规划实施创新和动态调整方面，园区规划体系也充分体现并很好处理了总体框架的一致性、指导性，与产城融合不同发展阶段园区定位、阶段性侧重点调整的相容性、延展性之间的相统一问题。1994 年的园区规划强调产业发展重要性，随后开发居住区和商住区模式；随着实力的提升和发展环境的变化，2002 年提出建设有国际竞争力的高科技园区和园林城区；2008 年的分区规划逐步降低工业用地规模，对部分工业用地进行调整，退离城市中心区和具有较高景观价值的地区，将城市高价值地区让给第三产业和居住功能，大部分退出工业用地转变为商务和研发用地，保障前景好、无环境污染、占地少、高技术含量、高附加值产业项目供地，严格控制限制性产业项目供地；工业、商务和居住用地大概各占 1/3，这在长久以来工业产业第一位的经济开发区建设中非常罕见。最后，园区规划还引入新加坡规划中的“白地”概念，为城区功能和社区服务扩展预留了重要空间，为产城融合的区域功能优化调整作了重要储备和准备。[①]

（3）产业发展为基：优势主导产业的动态更新为园区产城融合发展奠定了坚实的物质基础。发展是硬道理，是第一要务。产业园区的发展必须有持续更新的强有力产业基础作为保障。缺乏作为基础条件的产业支撑，园区发展将会蜕化为无源之水、无本之木；缺乏核心产业的动态更新，随着主导产业的衰弱转移，园区将沦落为“空城”；而缺乏特色化产业体系和集群，园区发展将变得没有辨识度，园区将是“大而不精”。20 世纪 90 年代国内各地开发区建设兴起以来，许多开发区在产城融合发展方面的表现不尽如人意，或多或少都在初始产业引进或产业体系的动态更新方面落在了后面。在初始产业基础确立方面，苏州工业园区很好地抓住了全球跨国公司产业转移的重要契机，很好地贯彻了产业链、上下游配套和招商选商的发展理念。从中新合作区直接延伸到区外的三个镇，通过规划引领配套协同发展，按照跨国公司的项目规模等级，设定相应的进入核心区的投资门槛，没有达到投资密度标准的配套企业进入周围乡镇。这些在现今发达地区土地生产要素日益紧缺的背景下看起来再自然不过的发展理念，在当时却是难能可贵的，这也为园区产业企业的建立奠定了极为重要的发展基础。[②]

（4）功能提升为要：城市功能提升是园区产城融合发展的关键要务，可为推进产城融合发展提供强大的软实力支撑。城市城镇功能的提升是产城融合发展的重要内容，其本质上是地方政府为促进地方产业发展壮大，针对不同发展阶段、发展定位及发展需求，所提供的各种有形无形的地方性公共产品和公共服务的总和，在一定程度上反映了城镇支撑产业发展的能力和实力，是地方经济发展软实力的集中体现。缺乏城镇功能的匹配和提升，产业园区常常陷入“空转”和“产业孤岛”的困境。从产城融合协

---

① 何磊，陈春良 . 苏州工业园区产城融合发展的历程、经验及启示 [J]. 税务与经济，2015（2）.

② 同上。

调发展视角来看，城镇功能对地方产业发展构成支撑的地方性公共产品和公共服务主要包括：产业共性生产要素的供给优化，良好的生活配套设施以及城市整体发展环境的优化。苏州工业园区管理当局在这些软性促进要素方面的积极筹划和科学应对，是过去20多年园区产城深度融合取得辉煌成就最宝贵的经验之一。[①]

（5）圆融借鉴为魂：圆融借鉴为园区产城融合发展营造了良好的包容性发展氛围，为园区产城融合的可持续发展提供了良好的更新机制支撑。作为中新政府合作的第一个经济开发区项目，苏州工业园区在过去20年间产城融合发展上所取得的成就，在一定程度上是新加坡经济发展、城市建设与社会管理方面的经验，成功嫁接在中国改革开放沃土上的直接产物，是我国改革开放以来借鉴发达国家城市化发展经验“先行先试”的范例样本。自成立20多年以来，园区几乎每年都要组织大批一线官员和企业界人士到新加坡学习，已经形成了完善的新加坡经验的学习转换机制。圆融借鉴也从最初的学习新加坡经验，上升为苏州工业园区产城融合的包容性发展氛围营造的核心要素，为园区实现产城融合的可持续发展构建了重要的更新机制，是园区产城融合成功发展的一大法宝。在借鉴新加坡经验方面，苏州工业园区已形成了一整套体制机制，这成为园区产城融合发展优势塑造的一道亮丽风景线。从早期的城市规划到产业链招商发展理念，从“一站式服务”到“虚拟空港”“虚拟海港”的建设，从“亲商”服务理念到“邻里中心”建设，苏州工业园区在经济发展、制度建设、社会管理等方面全面借鉴了新加坡的经验，并在此基础上进行创新，为产城融合发展构建了重要的内在更新机制。以融会贯通的方式“取材为我所用”，园区追求的是传统与现代、科学与人文、经济全球化与文化多元化的渊源共

① 何磊，陈春良.苏州工业园区产城融合发展的历程、经验及启示[J].税务与经济，2015（2）.

生、和谐共融。圆融借鉴在一定程度上已经内化为苏州工业园区产城融合发展的独特气质和灵魂，是苏州工业园区发展优势的重要支撑，是园区产城融合发展符合国际主流城市化发展规律同时又深入植根于本土实际的重要保证。①

7.2　西安高新技术开发区

7.2.1　西安高新技术开发区产城融合的发展历程及特征

（1）“以产兴城”阶段：第一次创业

1991 年，西安高新技术开发区（以下简称西安高新区）成为全国首批高新技术开发区，这个阶段的发展主题为“以产兴城”。高新区经济飞速增长，综合指标在全国 53 个高新区中名列前茅。西安高新区借鉴学习国内其他首批技术开发区，将“新型工业化建设带动城市化发展”作为开发主旨。在此时期，技术创新一马当先，西安高新区独具特色，在高精尖技术产品的自主创新方面形成了自身的领先优势。例如，第一台 SP30 超级程控交换机、第一块片式压电陶瓷变压器、第一个数字化虚拟演播室、亚洲最大的移动天线研发生产基地、世界三大移动通信标准之一和网络无线接入标准都诞生在西安高新区②。

2000 年，西安高新区按照“把握大机遇、调整大思路、布局大规划”的思路，实施了大开发，项目重点引进、产业按需培育等实施，最终实现西安高新区整体收入 70.4 亿元。至 2003 年 3 月，历经十多年迅猛发展的

① 何磊，陈春良．苏州工业园区产城融合发展的历程、经验及启示 [J]. 税务与经济，2015（2）.

② 西安高新区．走在前列，示范先行，勇做大西安高质量发展排头兵 [J]. 中国科技产业，2019（3）.

西安高新区，已经成为西安市创业创新成果转化最具影响力的经济增长极、人才培育的重要基地[①]。西安高新区顺势而为，拉开第二次创业的大幕，围绕打造中国科技核心地，建设西部产业集群高地，提出了“四年之大变，八年之巨变”的阶段目标。仅 2003 年至 2006 年，西安高新区累计固定资产投资 408.5 亿元，累计开工面积 1198.4 万平方米，累计竣工面积 768.7 万平方米，累计成立企业 3690 家。[②]

（2）产业聚集与产城融合阶段：第二次创业

在经历了第一次创业之后，2003 年，西安高新区启动第二次创业，参照世界一流园区标准建设高新区，统筹规划“经济增长与社会发展、现有产业调整与新兴产业培育”，以科技创新为驱动力，以重大项目为支撑，摸着石头过河，自主创新，走出了一条引资招商推动、人才顶尖支撑、营商环境保障的协调发展的特色路径，经济转型进一步加快，规模效应初显。

2015 年，西安高新区第三产业比重大于第二产业，高达 54%，实现了产业结构的优化调整。与此同时，华为、三星电子、GE、中兴通讯等一大批国内外高新技术行业先进企业纷纷扎根于西安高新区，打造了半导体、智能终端、软件和信息服务三大千亿元产业集群，辐射能源设备、汽车制造、仪器仪表等 13 类优势行业，在专用设备、通用设备、交通运输设备、仪器仪表、电力设备五大领域全面开花，新能源汽车领先全国，能源装备和能源技术的服务能力走在国内最前列，3D 打印产业成为最强产业领域之一，开创了西安高新区以电子信息产业和生物医药为代表的先进制造业的跨越式发展道路。此时西安高新区顺应世界科技园区发展大势，提升城市基础建设，完善优化公共服务，推进体制机制创新，增强社会治理效能。规划人口规模适度、交通绿色便捷、网络全方位覆盖、能吸引各类人才的

① 折然君．创新是一种常态——西安高新区着力打造创新创业新高地 [J]. 中国高新区，2016(4).
② 崔林涛，苏维．西安高新技术产业开发区建设和发展记忆 [J]. 西部大开发，2018（9）.

高品质公共服务体系，打造高标准、国际化的服务高地，推动产城融合协调发展，树立产城融合示范区[①]。

具体来说，有如下几条策略：第一，优化空间布局。遵循高效集约的土地利用原则，按照“控增量、盘存量、按需开发、优先利用”原则，健全用地控制标准，盘活土地存量，强化土地监管。完善基础设施，优化配套设施，建立适度超前的现代化交通体系，完善路面网格，布局发展交通基建，提升物流和货运水平。建设低碳科技新城，确保绿色生态环境平衡，通过提升园区绿化水平、反向促进园区产业的节能减排，加强废物安全处理，推进绿色低碳新城建设。建成西安高新区公共数据库，以云计算、物联网等高新科技基础设施建设为起点，促进产城融合发展。第二，提升城市管理水平，建设美丽西安高新区。制定科学合理的城市园林总体规划，增加园林绿地规模，提高园林绿化品质。按照海绵城市的规划要求，完善城市绿地、道路、水系的体系建设。优化公共交通秩序，创新高新区智慧管理模式，同步推进管理人性化、精细化。第三，完善公共服务，乐享便捷西安高新区。围绕医疗卫生、人才引进、基础教育、劳动保障、公共文化、体育建设等方面，从下至上建设人文西安高新区和便捷西安高新区。推进教育的提质扩容，结合人口数量与结构变化，进一步规划教育资源布局，科学设计新建、扩建、改建完善配套学校和幼儿园，加大教育投入，改善办学水平，提升学校软件与硬件条件，构建全面教育体系。改善基本医疗卫生，合理调整医院机构布局，优化医疗资源配置，大力引进三甲以上医院入驻西安高新区，批准新建西安国际康复医学中心，投资扩建西安国际医学中心，推进“三甲医院 + 社会卫生服务中心 + 社会卫生服务站”三级医疗创新服务平台，并建立居民个人医疗健康档案，开

---

① 冉淑青 . 黄河中上游经济带陕西段发展研究 [J]. 新西部，2017（32）.

发网络管理中心代管患者电子病历，实施网络家庭医生远程诊疗计划，推进预防、保健、治疗一体化服务。建立多层次劳动保障服务体系，延伸劳动保障服务触角。提升住房租房保障水平，鼓励文体投入。第四，创新社会治理方式，打造效率西安高新区。围绕公共安全、舆论引导、社会稳定等主要内容，依法治理，提升社会治理效能，建设和谐法治高效的西安高新区。

（3）绿色发展理念和产城深度融合阶段：第三次创业与建立西安首善区

2018 年，西安高新区全面加快建设大西安首善区，实施“三次创业”计划，以“五城一体一根本”为核心，从塑造宜居城区、完善产业空间方面，提出培育一大世界级引领产业生态圈、五大领先跨界融合产业集群、一批硬科技属性经济形态的“151”产业体系，构建中心引领、双轴带动、四片协同的发展空间结构（见图 7–1）。

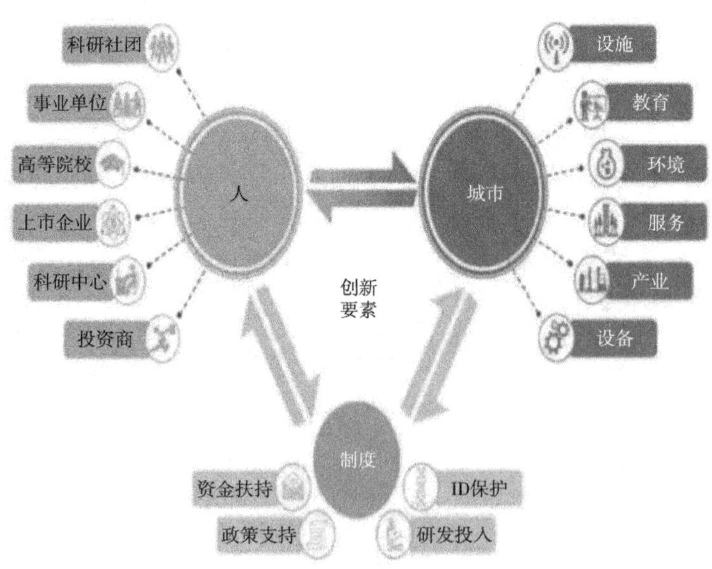

图 7–1　西安高新区的产城“内融”

中心引领：中心指中央创新区。整合西太路和南站地区的空间资源，打造引领大西安的创新服务中心，形成高新区的城市客厅。

双轴带动：双轴指生态文化轴和创新服务轴。生态文化轴是依托丰富的自然资源，结合大西安规划西部“生态文化创新轴”，整合传统农业、制造业、文化旅游业、民生服务业和高新技术产业，实现生态修整、历史活化与文化旅游的资源整合，形成古今辉映、城绿交融的文化与生态轴线，丰富大西安新轴线的内涵。创新服务轴以唐延路、西太路和西沣路为骨干，以科技创新为引擎，以中小企业总部、国际商务、商贸会展及城区综合服务等为核心功能，是提升科技创新、综合服务能力的功能发展轴。

四片协同：建立四个功能复合、特色鲜明的发展区，包括科技硅坊片区、创新服务片区、生态创新片区、秦岭生态休闲片区。

7.2.2 西安高新区产城融合的经验与借鉴

（1）注重顶层设计和合理规划

自 1992 年至今的约三十年的发展过程中，西安高新区进行了“三次”创业，审时度势进行了三次大的顶层设计和战略规划。第一个阶段（1992—2003 年）重点发展产业，实现了制造业的快速聚集和发展；第二阶段（2004—2018 年）是实现产业发展和人本主义融合发展的阶段，围绕建设世界一流园区总体目标，按照“两带两城五区八园”战略布局，重点发展服务业并关注民生，建立幸福高新区；第三阶段（2019 年至今）确立建好首善区发展战略，通过“一年攻坚、两年突破、三年超越”的层层推进，到 2020 年全面实现追赶超越目标，建成世界一流科技园区和大西安都市圈的首善区。

（2）注重环境保护和人才培育

注重生态环境与科技相结合，全力打好“秦岭、蓝天、碧水、净土”

四场生态环境保卫战，叫响做实“生态环境就是最大的民生、最大的招商资源、最大的政绩”。着力打造绿色高新区、花园高新区、生态高新区，实现生态环境攻坚科技先行，立足科技治霾，大胆采用无人机巡查、卫星遥感等高科技手段，实现智慧环保。

人才培育与引进并重。创建“丝路硅巷”国际化地标，引进11家知名人力资源机构入驻丝路人才大市场；建设院士工作站、博士后工作站（创新基地）及海外人才离岸创新创业基地13个，引进海内外高层次人才创新创业团队25个，聚集中高级人才5500余人，技能型人才1.6万余人，落户人口10万余人。

注重现代服务业和新型制造业的融合发展。现代服务业和金融业是城市发展的标志。西安高新区致力于构建“金融服务链”，营造最优营商环境，探索推动金融与科技有效对接、互乘放大，助力西安高新区产业转型升级。西安高新区制定了《西安高新区金融产业发展规划》，不断完善支持金融业发展的政策，形成政策洼地，出台《西安国家自主创新示范区关于加快金融业发展的若干政策》《西安国家自主创新示范区关于支持企业上市发展若干政策》《西安国家自主创新示范区关于金融支持产业发展的若干政策》。

同时，西安高新区全面促进科技与金融、科技与服务深度融合，设立完成5只基金，累计引进区域性金融机构总部、金融要素平台、知名投资机构20家，累计举办大小型投融资对接活动60场，服务企业2700余家，服务5500多人次。2018年，西安高新区培育独角兽企业1家、独角兽种子企业30家、雏鹰企业865家、瞪羚企业104家。“创投十条”完成构建“1+X+1”人才政策体系，全面补齐高新区政策短板。

7.3 西安浐灞生态区

7.3.1 西安浐灞生态区产城融合发展阶段及特征

浐灞生态区位于古都西安的东北部，是全国第一个以“生态”命名的开发区，同时是国家级绿色生态示范城区和生态文明先行示范区，是全国绿化模范单位及年度生态文明建设典范开发区。浐灞生态区肩负着建设西安国际化大都市东部新轴线、对外开放大通道的重要历史责任。

浐灞生态区规划总面积为129平方千米，集中治理区有89平方千米[①]。2004年成立以来，浐灞生态区坚持“生态立区，产业兴城”的发展战略，构建“生态治理带动区域发展、新区开发支撑生态建设”的发展模式，推进全区域“生态化、旅游化、景观化、重点区域花园化”建设，形成“3支柱3主导2特色”产业格局，以“文化+旅游+生态+服务”，着力打造“现代、时尚、国际化”新浐灞。[②]

（1）第一阶段：以生态建设为中心，“先治理，后建城”，吸引人口流入

浐灞生态区成立以前，该区域生态十分脆弱，存在着严重的垃圾填埋、河流污染等问题。因此，浐灞生态区一开始的定位便是打造生态园区，贯彻“先治理，后建城”的原则，积极进行生态系统保护，对生态的重建是浐灞生态区建设的首要重任。“十一五”期间，浐灞生态区对受损的生态环境采取了很多的治理措施，例如对严重污染的河道进行修筑改

① 西安浐灞经管委员会．西安浐灞生态区[J]. 环境经济，2017（18）.

② 西安浐灞生态区管委会官网．

善、对水质污染进行治理、设计较多的符合现代大众喜爱的人文景观等，这些措施使浐灞生态区的水环境有了良好的改善。“十二五”期间，浐灞生态区在前期治理成果的基础上，继续加强巩固，改善生态环境。如今，浐灞生态区已经拥有超过16000亩的生态公园，包括西安世博园、桃花潭公园等6个生态公园，园区内的河流和林地覆盖率有了明显提升，分别达到了15%和18%，园区内的生物种类也逐渐丰富起来，其中鸟的种类有206种，植物的种类达到了210种，由此可以看出浐灞生态区的生态环境逐渐适合各种生物栖息，同时，在长久的治理中，浐灞生态区的大气负氧离子含量已经高达6700单位。基于此，浐灞生态区已完成由生态重灾区向示范区的转变。同时，生态环境的改善，为人们的生活工作提供了良好的环境，为人口集聚打下了良好的基础。

（2）第二阶段：大力发展现代服务业，以产带城，推动经济发展

浐灞生态区没有工业基础，加上其脆弱的生态系统，发展工业较为困难。但浐灞生态区拥有良好的区位和自然环境优势，因此发展第三产业成为它的选择。“十二五”期间，浐灞生态区形成了以现代服务业为主，绿色工业为辅的“三二一”产业结构体系，主要发展核心产业——金融商务和休闲产业，在核心产业发展的同时，注重特色产业（绿色产业、会展业、现代商贸）等的发展。按照“产业兴城”的指导思想，浐灞生态区积极推动产业的发展，打造了西安金融商务区，将金融业进行了集聚，实现集聚效应，建立了欧亚经济论坛综合园区核心区，成立了西安领事馆，创建了丝路国际会展中心等5大产业平台。在商业方面，注重特色的建立，形成了世博园特色商圈等6大商圈，在此基础上，实现了产业的多样化，奠定了产业发展的扎实基础。同时，浐灞生态区积极贯彻落实“生态先行、反哺产业”，对园区内的生态环境进行了良好的治理，积极提升区域内人民

的生活环境和工作环境，吸引了大量高端人才来此居住和工作，由此带动了浐灞生态区城市的发展。

（3）第三阶段：促进产城融合，经济、社会、生态全面协调发展

随着浐灞生态区产业的不断发展、人口的集聚、城市功能的不断完善，浐灞生态区在朝着经济、社会、生态全面协调发展，产城融合的方向前进。浐灞生态区产业格局为“3 支柱 3 主导 2 特色”，世界 500 强和中国 500 强企业累计达到 50 多家，产业项目累计有 160 多个。浐灞生态区抓住机会，积极实现产业的引进，在 2018 年第三届丝博会上，浐灞生态区签约 38 个产业项目、14 个基金项目、10 个注册项目，涉及领域广泛，囊括了文化、旅游、体育等多个领域，总签约额达 928.35 亿元。浐灞生态区还特别重视金融创新，坚持绿色发展，致力于打造一个全方位、立体式的具有现代化思想的精品高端金融区，累计引进中国银行全球客服中心等各类金融机构 300 余家。如今，服务业已集聚西安金融商务区，入驻的金融机构达到了 60 多家，为浐灞金融的发展增添了无限的活力。同时，浐灞生态区积极打造自身特色，成立了灞柳基金小镇，并成功入围西部大开发“十三五”规划百家特色小镇，成为全国 16 家知名基金小镇之一，在灞柳基金小镇，已经有 200 多家基金机构，累计拥有基金投资 2600 多亿元。产业发展的同时，道路建设也是十万火急的事，2017 年浐灞生态区先后打通了金桥一路、广运潭西路、北辰东路、欧亚二路 4 条断头路，为周边群众出行提供便利。在未来的道路建设规划中，浐灞生态区还将建成重点便利街区 10 个，开发 20 条公交线路，建设学校 22 所、医院 12 所，以此方便人们生活。浐灞生态区致力于构建功能区的多样化，以方便人们生活为中心任务，积极构建“5 分钟生活圈”。“十三五”期间，浐灞生态区秉持生态文明的目标，把握保护和完善生态的方向，继续投资生态，建设生态公园 10 个，使园区内水域面积达到 18000 亩，并拥有 2 万亩的湿地，实

现整个区域的“生态化、景观化、旅游化”。虽然目前浐灞生态区的产城融合程度还不高，但它在朝着产城融合的方向不断努力。

7.3.2 西安浐灞生态区产城融合发展经验与借鉴

（1）地方政府支持与顶层设计

浐灞生态区是在“一带一路”和“西部大开发战略”的背景下发展的。在这样的大背景下，浐灞生态区抓住机遇，浐灞生态区管委会积极出台优惠政策，例如减免税收等，重点扶持商贸、旅游、文化、创意等各类新兴产业的发展，吸引了大量的企业和人才，入驻浐灞生态园区，为浐灞生态园区未来的发展奠定了扎实的基础。同时，政府投入大量资金，积极对生态区内的基础设施进行完善，例如开通更多的交通线路、打造地铁专线、建设中小学和幼儿园、建设医院、完善医疗设施、完善生态园区内的社区健身器材等，吸引了大量人员落户和企业和入驻，促进了浐灞生态区城市规模的不断扩大。

（2）“先治理，后建城，再开发”理念的正确引导

浐灞生态区在经济发展的初期一直处于弱势，主要原因之一在于其生态环境污染严重，脆弱的生态系统不能为经济的发展提供有效的支撑，因此，面对这样严峻的形势，政府提出了“先治理，后建城，再开发”的理念，积极恢复浐灞生态园区的生态环境，进行排污治理、湿地建设、绿化维护等，使浐灞生态区的生态环境实现了很大改观，浐灞生态园区从开始的污染重地，变得宜居宜业，实现了完美的蝶变。在生态得到改善的基础上，建设城市、完善基础设施、吸引企业和人才，积极促进产业和城市的融合。这样既保护了生态，又促进了经济、社会的协调发展。

（3）倡导绿色发展，立足生态建设

浐灞生态区倡导绿色发展理念，对生态环境进行积极维护和完善。生态完善的同时，也关注浐灞生态园区的经济效益。浐灞生态区立足生态建设和完善，积极探寻、发展自身优势产业，摆脱过分依赖房地产业拉动经济的现状，探寻方法，打破房地产业桎梏，发挥自身优势，吸引不同产业入驻，并加强对产业链的建设和产业间互动互通性的完善；鼓励创新创业，对创新创业企业和人才给予优惠政策，吸引其入驻，为浐灞生态区的发展注入新鲜血液；积极贯彻落实“文化 + 旅游 + 生态 + 服务”的发展模式，开发特色的旅游线路，形成特色的旅游思想，吸引大众的眼球。同时，不断完善基础设施建设，如增加浐灞生态园区的公交线路、地铁线路建设；提高生态区内的教育质量，建设多所幼儿园、中小学校等；完善生态区内的医疗设施，提高生态区内的医疗服务等，使人们的生活更加便捷，实现“五分钟生活圈”，从而吸引更多的人在此居住，促进城市发展，拉动经济增长。总之，在未来，浐灞生态区作为一个新发展地区，要将城市的发展与产业的发展有效融合，做到“产中有城、城中有产、以产带城、以城带产”的产城融合发展。

（4）发展制约与短板

第一，经济发展过度依赖房地产。房地产的发展创造了经济效益，促进了生态区的发展；同时，区内环境的改善、良好的地理位置优势，又吸引了众多房地产商前来投资，导致浐灞生态区 97% 以上的经济都是地产的贡献。从浐灞生态园区的生产总值来看，在 2019 年达到了 278.69 亿元，其中建筑业为 90.02 亿元，房地产业为 69.91 亿元，两者分别占生产总值的 32.3% 和 25.1%，所以建筑业和房地产业对浐灞生态园区的贡献率达到了 57.4%，这足以表明浐灞生态区的发展过度依赖房地产业，房地产业对浐灞生态园区经济的提升作出了不可磨灭的贡献。但我们要注意到，单纯地依靠房地产业来发展地方经济的模式是不可取的，这种模式只能带来短期的经济效益，缺乏长期的经济联动性，当地方房地产资源枯竭时，其经济发展将面临巨大的隐患，在这种模式下，浐灞生态园区经济的发展缺乏持续性和长久性。

第二，产业基础薄弱，未形成主导特色产业。浐灞生态区经过近年来的建设，积极推进创新创业的发展，全心打造文化旅游品牌，开展各种商业会展，引入国外科技等的交流，在一定程度上吸引了不同产业入驻。但是从整体来看，产业引入多，各产业链条较长、不成熟，各产业互动性欠缺，不能成为浐灞生态园区的支柱性和带动性产业，不能取代房地产业成为浐灞生态园区经济的主导，实体经济发展力度不够，不能支撑金融等现代服务业的发展。另外，区域内对各个产业的需求力度不同，各产业安置和分配的有效性不足，无特色产业主导经济，这将给浐灞生态园区未来的发展带来巨大的考验。

7.4 成都天府新区

2011 年，四川省规划建设天府新区。天府新区地处新成都市主城区东南方向，新区规划范围包含成都市、资阳市和眉山市的部分区域，整合了 7 个区（市、县）37 个乡（镇、街道），占地面积约 1578 平方千米[①]。2014 年 10 月，《四川天府新区总体方案》得到国务院正式批复，标志着四川天府新区正式成为国家级新区[②]。成都天府新区作为中国第 11 个国家级新区，对于改善西部对外开放水平、引领西部地区的转型升级、完善国家区域发展格局具有重大意义。天府新区提出要打造内陆开放门户，建设产城融

① 中华人民共和国国务院 . 关于成渝经济区区域规划的批复（国函〔2011〕48 号）.

② 国家发展改革委关于印发四川天府新区总体方案的通知 .

合、宜居宜业的现代城区。一是明确提出发展现代高端产业、“三位一体”（现代产业、现代生活、现代都市）的新型城镇化建设理念，产业发展的主要定位是以现代制造业为主、高端服务业集聚。二是根据新区发展的基础，提出构建“一带两翼、一城六区”的空间发展结构。[①] 三是探索“产城一体单元”建设模式，[②] 新区率先提出要建设35个“产城一体单元”。在单个产城一体化单元体内，要不断加强完善居住区的教育、医疗等基本服务设施配套和商业配套等。

7.4.1 成都天府新区产城融合发展阶段及特征

城市新区作为城市郊区化的产物，是承接中心城区产业的重要载体，同时也是拓展城市空间、缓解中心城市压力、完善城市功能的一种路径。[③] 在“一带一路”和“发展长江经济带”的背景下，按照“五位一体”总体布局和“四个全面”战略布局，成都这一中西部的重点城市，被赋予打造内陆开放型经济高地的使命。

（1）天府新区的发展优势

天府新区的发展优势主要体现在战略位置突出、政策红利叠加两方面。主要内容如表7–1所示。

① 邱建．天府新区的设立背景、选址论证与规划定位[J]. 四川建筑，2013（1）.

② 胡滨，邱建，曾九利，汪小琦．产城一体单元规划方法及其应用——以四川省成都天府新区为例[J]. 城市规划，2013，37（8）.

③ 邹德玲，丛海彬．中国产城融合时空格局及其影响因素[J]. 经济地理，2019，39（6）.

表 7–1　天府新区的发展优势及主要内容

优势	主要内容
战略位置突出	位于长江经济带和丝绸之路经济带的交汇处； 成都市是第六个国家中心城市，也是第三个拥有“双机场”的城市
政策红利叠加[①]	金融政策：引导金融机构支持新区建设，在新区开设分支机构鼓励新设金融机构等，支持设立民营银行等 财税政策：鼓励发展各类投资基金，拓宽融资渠道；探索政府出资设立担保机构，开展联保贷款等； 土地政策：建设统一规范的城乡建设用地市场，实现公开交易；探索有效的土地流转方式和补偿机制等

（2）发展定位以及发展目标

天府新区的发展定位及发展目标如表 7–2 所示。

表 7–2　天府新区的发展定位及发展目标

<table>
<tr><td rowspan="4">发展定位</td><td>总定位</td><td>把天府新区打造为以现代制造业和高端服务业为主的，宜业宜商宜居的国际化现代新区</td></tr>
<tr><td>发展理念</td><td>产业、都市、生活三位一体</td></tr>
<tr><td>城市功能定位</td><td>内陆开放经济高地，宜业宜居宜商城市、现代高端产业集聚区、统筹城乡一体化发展示范区</td></tr>
<tr><td>产业发展模式</td><td>双轮驱动</td></tr>
<tr><td>发展目标</td><td colspan="2">到 2025 年，综合经济实力、创新发展能力和人民生活水平大幅提升，现代产业体系基本形成，城乡一体化关系更加和谐，基本建成以现代制造业为主、高端服务业集聚、宜业宜商宜居的国际化现代新区</td></tr>
</table>

（3）天府新区在不同时期的规划

2011 年 11 月，四川省政府批准实施《四川省成都天府新区总体规划（2010—2030 年）》[②]。2015 年四川省政府同意《四川天府新区总体规划

① 刘竞舸，范丹，罗跃君 . 优化农村地区普惠金融发展路径的探索——以天府新区为例 [J]. 西南金融，2018（1）.

② 四川省人民政府 . 关于四川省成都天府新区总体规划的批复（川府函〔2011〕240 号）.

（2010—2030 年）》（2015 年版）。这两个阶段的发展规划对比情况如表 7–3 所示。

表 7–3　两个阶段的发展规划对比

<table>
<tr><th rowspan="3">阶段</th><th rowspan="3">关键词</th><th colspan="2">用地</th><th rowspan="3">产业发展原则</th><th colspan="4">发展目标</th><th rowspan="3">功能定位</th></tr>
<tr><th rowspan="2">建设用地</th><th rowspan="2">工业用地</th><th colspan="2">服务业占比</th><th colspan="2">地区生产总值</th></tr>
<tr><th>2020 年</th><th>2030 年</th><th>2020 年</th><th>2030 年</th></tr>
<tr><td>2015 年以前</td><td>以现代制造业为主</td><td>650 平方千米</td><td>167 平方千米</td><td>产业高端、布局集中</td><td>40%</td><td>50%</td><td>6500 亿元</td><td>12000 亿元</td><td>现代高端产业集聚区、内陆开放经济高地、宜业宜居宜商城市、统筹城乡一体化发展示范区</td></tr>
<tr><td>2015 年至今</td><td>以现代制造业和高端服务业为主</td><td>580 平方千米</td><td>93 平方千米</td><td>双轮驱动、高端高效、创新发展</td><td>45%</td><td>60%</td><td>3000 亿元以上</td><td>2020—2030 年确保高于全省增速 2 个百分点</td><td>增加“全面创新改革试验区”</td></tr>
</table>

7.4.2　成都天府新区产城融合的经验与借鉴

天府新区的发展路径可概括为“以优质的生态环境、城市生活和公共服务吸引人才，以人才吸引企业，以企业创造繁荣”的“人—城—产”发展逻辑（按照先规划后建设、先生态后产业、先立境后营城的时序科学组织城市开发）。

新区建设初期，以“产业高端、布局集中”为主，但是只注重高端，并不注重高效。在较为高端的产业中，存在低增值的生产环节，如电子信息产业中的手机组装，就属于劳动密集型，经济产出效率不高；而在传统行业中，也存在高增值的产品和生产、服务环节。在这一阶段，以电子信息和汽车研发制造为重点。2016 年，天府新区成都片区电子信息产业年产值突破 500 亿元，规模以上工业企业达 600 家，规模以上服务业企业达 310 家。

发展后期，提出发展“重中之重”，提出着力发展新一代信息技术，着力发展节能与新能源汽车，2017 年汽车制造业和电子信息产业共计完成产值 2250.2 亿元，分别增长 5.4%、26.9%。在不断完善的过程中，新区首次推出“产业负面清单”，鼓励存量低效产业退出，提出高端高效的原则，促进产业结构转型升级。全方位招商引资，引进高校和科研机构，培养专业人才。2017 年新区主要在人才计划、招商模式、创新、城乡布局规划等方面发力，如表 7-4 所示。

表 7-4　人才计划、招商模式、创新、城乡布局规划

类别		主要内容
人才计划	引进院校	中国科学院、北京大学、清华大学等
	国家级实验室	航天科工、中科曙光
	高层次人才	院士、“长江学者”等高层次人才 285 名
	人才项目扶持计划	天府英才计划、微软精英培训暨认证计划
招商模式	专业精准招商	法国阿尔斯通、美国雅宝新材料、德国库卡工业机器人、中建天府新区新材料产业园、国际航空动力产业等重大项目
	专业委托招商	
	借助驻华机构招商	
创新	研发、应用、生产“三个基地”	建设 5G 测试实验室、认证实验室等专业化配套设施，完善众创空间、孵化器和加速器等 5G 科技创新平台，打造 5G 研发企业核心聚集区
城乡布局规划	产业，制度，形态等多个维度统一推进	在天府新区内的 37 个乡（镇、街道）中，将 24 个乡（镇、街道）纳入城市统一布局，其余的 13 个分别发展文化休闲、都市农业和“两湖一山”的国际旅游文化

以新区发展理念为引领。天府新区一开始就提出布局融合，即对整

个生产功能和城市功能进行合理统筹，同时结合生态和生活等不同功能要求，对城市空间功能进行布局。在规划初期就提出产城一体单元的概念，设定35个产城单元，实现每平方千米容纳1万人，每个产城单元共计容纳25万左右的人口规模，这样一种城市形态有助于破解城市与产业分离、土地短缺等难题。此外，四川天府新区管委会作为四川省人民政府的派出机构，负责新区发展的政策研究、规划管理、重大产业布局、重大项目推进和招商引资等工作，协调解决天府新区在建设过程中遇到的困难和问题，指导、督促三个片区管理机构加快推进天府新区建设[①]。坚持开放发展，建设内联外通的基础设施。管委会可以在其掌握的政策范围内“挖掘”政策，促进新区发展。

以完善的科学规划为保障。根据区域自然特点、资源环境承载力、土地利用和城乡规划布局、产业发展定位等[②]，以自然山水和生态空间为基础，构建“一带两翼、一城六区”的空间布局，科学完善的布局可以有效促进产业发展与城市发展的协调融合。把“以人为本、生态优先”的理念，深深刻入新区的肌理中。新区在报批之前，就编制了《天府新区总体方案环境评估报告》，天府新区一获批，成都市人民政府就专门针对天府新区生态环境保护和生态文明建设推出专项改革，出台了《天府新区成都直管区城市管理和生态文明专项改革实施方案》，新区还先后启动了《四川天府新区环境规划》和《四川天府新区总体规划环评》的编制报审工作，2015年度逐步开展了新兴工业园、国际经济合作园、秦黄寺中央商务区规划环评的编制审批工作。例如，基于产城融合的思路，天府新区将自然资源禀赋纳入产城规划，综合考虑产业、人居、环境等要素，合理布局人

① 卢向虎．西部国家级新区管理体制之比较[J]. 城市，2015（8）.

② 王成新，万军，于雷，吕红迪．环境总体规划与城市总体规划衔接思路浅析[J]. 环境与可持续发展，2016，41（4）.

口与城市形态，最大限度地减少由于出行而产生的碳排放，避免以往新区建设中“重产业、轻城市”的弊病。2017 年强化环境监管和执法，制定了《成都天府新区直管区网络化环境监管实施方案》，坚决打好污染防治攻坚战[①]。

以新动能加快培育增长极。天府新区正在通过产业扶持、人才引进等方式实现人工智能产业的聚集。天府新区在新一代人工智能领域已经初步聚集了产业链上下游企业，聚集了大批优秀的集成电路企业、机器学习算法企业、信息安全企业等，如紫光、烽火通信、商汤科技、启明星辰等。虽然产业生态初步显现，但是和东部地区还存在一定差距。为了让天府新区在全球新经济发展中突围，天府新区启动了“天府无线谷”以及高标准建设独角兽岛的整体规划，探索构建“功能区管委会＋平台公司＋运营基金”的模式。大力发展信息安全、大数据、5G 通信、云计算等新一代与人工智能相关的上下游产业。积极引进独角兽企业项目，已签约落地包括 G7 研究院（智慧物流）、携程旅悦贸易（新零售）、智审（审计平台）等项目。截至 2018 年 12 月，新区注册新经济企业约 7500 余家，年增长率约为 26%。2018 年，成都商汤科技有限公司作为国内第 5 大国家人工智能开放平台签约在天府新经济产业园区，为新区发展注入活力。此外，天府新区不断加强与跨国公司的合作。2016 年，天府新区抓住了全球企业产业转移的契机，促成了中德创新产业合作核心园区的建设。目前已经形成中德中小企业合作园、中意文化创新园、中法生态园、中韩创新创业园等国际合作园。2017 年，天府新区的现代产业加速集聚，全国首条柔性 AMOLED 生产线——京东方成都第 6 代柔性显示屏生产线实现量产。2018 年，新签约引进传化智联西部运营总部、富森美

① 贾滨洋，杨钉，张平淡，王玉梅．国家级新区的环境挑战与出路——以天府新区为例 [J]. 环境保护，2016，44（24）.

第二总部、保利中心等 10 个总部项目，项目总投资约 525 亿元。2019 年上半年，中国联通携手联东集团打造了中西部第一个 5G 应用示范园区，联通拥有 IDC 云基地以及 5G 技术的优势，与联东在客户数据分析、识别认证技术、5G 网络等领域加强合作。新经济发展成为天府新区的发展亮点之一。

以城市功能与生态保护为支撑。为了避免新区陷入“空转”和“产业孤岛”的困境，必须不断优化提升城镇功能并改善生态环境。天府新区在不断探索过程中，不断提升产城融合度。根据区域自然特点、土地利用、城乡规划和产业发展定位等，天府新区构建了“一带两翼、一城六区”的空间布局。在城市区块布局方面，新区确定了产城一体单元的概念，这种概念在空间布局时融入产业、产业配套、居住、居住配套、生态等各种功能。产城一体单元形成的大型社区模式以及新区的组团化城市功能片区结构规划了五级中心体系，并提供不同层级的配套设施，满足不同的需求（见表 7–5）。

表 7–5　五级中心体系

社区模式	规模	配套设施
城市主中心	特大城市	高水平国际化的生产生活配套
功能片区中心	大城市	高水平的生产生活配套
城市一体单元中心	20 万 ~30 万人	完善的生产生活服务
功能单元级中心	3 万 ~5 万人	大型和集中的生活配套
社区中心	1.5 万 ~2 万人	基本的日常服务

交通环境方面，各功能区之间通过快速路网、轨道交通主干网、主干路网和公交干线网构建公交系统，交通站点按照 TOD 的发展模式与产城一体单元中心结合。产城一体单元内部通过公交支线和次、支路网延伸至功能单元和社区，串联居住、文娱、工作及生态功能区，为当地居民服

务，实现轨道交通线网密度不低于 1 千米 / 平方千米。绿地系统方面，按照城市中央公园、产城一体单元中心公园、功能单元中心绿地和社区级公园 4 级进行布局，实现天府新区 500 米见绿[①]，实现配套设施、居住环境与区容区貌的高度统一。在天府新区的规划理念中，生态保护占据着重要的位置。

7.5 重庆经济技术开发区

为促进重庆经济的发展，1993 年 4 月，经国务院批准设立了重庆经济技术开发区，这是中国西部地区设立的最早的国家级开发区，成为重庆东南片区的发展核心。其地理位置具有很大的优势，位于江南新城，北边与长江相邻，与广阳湾滨江城市带和两江工业园区毗邻。总面积达 60 平方千米，其中建设用地面积 50 平方千米。2010 年 7 月，重庆经济技术开发区进一步拓展，到达重庆主城核心区之一的南岸区，并顺利完成近 90 平方千米的开发建设任务。重庆市委、市政府对重庆经开区予以高度重视，让重庆经开区承接了两江万亿元工业板块、引领江南万亿工业板块、发挥经济增长引擎作用的重要战略任务[②]。

重庆经开区构建了发展总体目标——“建设产城融合示范区”，确立了重庆经开区的基本定位为“创新驱动高地、开放引领高地”，积极发展拥有优势的三大主导产业，并致力于做大做强，2020 年，重庆经开区已成为“西部领先、全国一流、国际知名”的经济技术开发区，综合实力位于国家级开发区前列。

---

① 胡滨，邱建，曾九利，汪小琦 . 产城一体单元规划方法及其应用——以四川省成都天府新区为例 [J]. 城市规划，2013，37（8）.

② 重庆经济技术开发区 [J]. 重庆与世界，2017（1）.

7.5.1　重庆经济技术开发区产城融合发展阶段及特征

重庆经开区在发展的初始阶段，积极定位，结合自身产业优势，重点发展电子信息、高端装备制造业、现代服务业[①]这三大产业，并在长期的发展中做大做强，形成了产业群，突显了自身特色。同时，重庆经开区还积极促进物联网等新兴产业的发展，产业集聚效应逐渐增强，整体经济实力大大提升。

电子信息产业从重庆经开区成立初始，便被定位为三大主导产业。重庆经开区肩负着建设国家电子信息产业基地的重任和首批国家智慧城市试点地区的责任，这对重庆经开区而言是一次重要的历史机遇。经过长期的发展，重庆经开区已经拥有了国家级、省级科研机构，并且拥有工信部电信研究院西部分院，其电子信息产业的科研能力有着充足的后备资源。同时，微软、国家电子信息产业等在此成立了服务基地，丰富了电子信息产业资源。在科研力量充足的条件下，众多的生产厂家在此落户，如百立丰、财富之舟等，其中百立丰旗下lephone手机2015年产值实现61.8亿元，产量为1115.4万台，2016年销售突破2059万台，年产值达80亿元[②]，为重庆经开区的发展注入了强大的经济活力。

重庆经开区作为重要的装备制造产业基地之一，承担着重要的责任，为重庆东港港区的发展保驾护航。为促进高端装备制造的发展，重庆经开区积极吸引高端装备制造业方面的重要企业。例如，2016年2月，中德合资制造企业——重庆世玛德智能制造有限公司在此落户。世玛德智能制造有限公司采用智能化设备，将物联网技术运用到装备制造业中，促进了装备制造业向高精尖的进一步发展，该项目当时预计年产可以达到50亿元；

① 创新经开区．江南宜居城[J]. 重庆与世界，2017（8）.

② 重庆经开区．助攻三大产业，推进产城融合[J]. 重庆与世界，2017（4）.

美的集团（国内最大的制冷产业制造商）、长江轴承（国内第三轴承生产企业）等有强大潜力的装备制造企业均在重庆经开区落户。如今，重庆经开区形成了以数控机床、电气设备等机电装备为主体，以汽车、专用设备等其他行业为辅的高端装备制造产业体系。

现代服务业是促进经济发展的强大动力，重庆经开区的现代服务业立足于仓储物流、专业市场及总部经济。重庆经开区致力于打造长江中上游现代物流基地，吸引了众多物流仓储企业在此聚集，包括普洛斯物流园、原尚物流基地等。2017 年，位于重庆经开区东港码头的原尚物流基地开始建设，占地面积约 28826 平方米，总投资 1 亿元左右。同时，以朝天门国际商贸城、迎龙药谷为主的专业商贸市场也产生了集聚效应。重庆经开区依托自身的物流优势，与周边港滩、果园等展开积极的合作，扩大东港的业务范围和能力，力争形成重庆乃至西部地区重要的货运物流中心，成为长江经济带的重要物流节点。2016 年 7 月，朝天门国际商贸城开业，在此形成了集休闲娱乐、交易、物流等为一体的特色市场群。重庆经开区现代服务业的发展，为商业中心的建立奠定了基础。

7.5.2 重庆经济技术开发区产城融合的经验与借鉴

城市的发展离不开产业发展对经济的带动作用，同时，产业的发展也需要城市的发展来夯实基础，为其提供强大的动力。因此，重庆经开区积极坚持“以产促城，以城促产”的方针，促进产城融合。

在城市发展与产业发展中，始终离不开人的参与，缺少了人的产业和城市是无法想象的。重庆经开区在发展伊始，积极引入金科、中铁等知名房地产开发企业，同时重庆经开区毗邻城南家园（重庆最大的公租房项目），这一举动吸引大量人口在此置业居住，加强了人口的集聚，促进了城市的发展。同时，在发展中，关于人的幸福感的建设是十分重要的，而人的幸福感与生活环境密切相关。重庆经开区拥有三面环山、与水相邻的得天独厚的地理位置，为经开区人民的幸福感打下了扎实的基础。重庆经开区把握机会，吸引大量投资者前来，积极推动产业的发展壮大。同时，重庆经开区致力于完善各项基础设施，如教育设施——南坪实验幼儿园、珊瑚小学、珊瑚中学、工商大学等学校，实现了从学前教育到高等教育的体系化，有效解决当前子女读书难的问题。重庆经开区还致力于打造一个江南大学城，使重庆经开区形成一个教育产业链；在医疗设施建设方面，东南医院、重庆附二院江南医院入驻经开区，为居民提供了优质方便的医疗服务，使居民能够实现在家门口就医，便捷人们的生活；在生态环境建设方面，构建良性的生态循环系统，增强绿化建设，增加健身器材，清洁居住环境，有效地提升人们的居住幸福感。经开区还致力于打造广阳岛生态休闲区、希尔顿休闲运动中心，让人们能够实现工作之余的身体锻炼。重庆经开区通过不断的努力和规划，积极打造一个联系紧密、良性互动的城市综合功能区。

产城融合使重庆经开区的发展有了扎实的经济基础，同时良好的城市建设又赋予了重庆经开区满满的人文活力。

7.6　重庆两江新区

7.6.1　两江新区产城融合发展阶段及特征

2010 年，中国改革开放的版图由东向西、由沿海向内陆稳步推进，重庆两江新区迅速崛起，中国改革开放逐步延伸到内陆腹地。自 2010 年获准成立至今，两江新区的产城融合历程可以分为两个阶段，不同时期的发展重点、发展模式都存在着各自的特点，合理确定发展重点和时序，形成了国家级新区探索发展极具特色的演进路线。

（1）“以城带产”阶段（2010—2015 年）

这个阶段，发展的主题是“以城带产”，发展重点是开发区形态的创新，在内陆地区开发开放的新理念的指导思想引领下，注重顶层设计，整体规划重点产业，布局城市特色功能，全面完善两江新区基础设施建设，提升园区环境吸引产业扎根，充分发挥产业凝聚力，以业态聚人气，打造新的增长极，辐射带动开发区内其他产业，实现“筑巢引凤”。这种着眼于动态和可持续增长的发展路径解决了城市化发展过程中，只着眼于圈地造城，造成很多新开发园区缺乏产业支撑，更无法提供足够的就业岗位、文化娱乐以及公共服务保障，园区内聚集度不足，呈现有城而无业、有城而无人、有城而无市的空城问题。第三产业在此五年内势头迅猛，截至 2015 年，上半年的投资总额累计 81 亿元人民币，投资行业涵盖基金、保险、小贷、交易中心等，实现“引凤”约 30 余家重点金融服务业项目入驻。截至 2015 年底，两江新区内第二产业占比为 55.1%，依然发挥主导作用，金融业占 GDP 的比重已达 10.3%。两江新区产业结构不断优化升级，修炼了经济增长内功，抓住了全球第四次产业大转移的历史机遇，参与并巩固了全球经济发展产业链，转型成为“中国内陆重要的先进制造业基地”和“长江上游地区金融中心”。[①]

（2）“产城共荣、城业共生”阶段（2016 年至今）

随着前期产业结构的调整和功能布局的雏形出现，两江新区举全区之力提高城市治理效能和人居新型城镇化水平，产城融合发展进入下一阶段。这一阶段发展的主题是“城业共荣”，发展重心是功能开发，从城镇化过渡到产城共生。在产城融合、城业共荣的摸索中，两江新区紧抓机

① 王杰，卢地．全球城市体系下重庆两江新区发展特征及趋势 [J]. 城市学刊，2016，37（6）．

遇、抢占时机，借力供给侧改革政策下的高新科技产业、大数据产业、战略性新兴产业、新型贸易服务业发展的大势；依托“一带一路”、长江经济带的战略方针以及重庆自贸区发展、两江新区中新示范项目等史无前例的重大机遇，内外兼修、稳中有进地保经济；加入全国人才“争夺战”，营造优良就业定居条件吸引人力资源，筑成金字塔梯度型人才保障体系，另外，继续按照产业人口缺口，完善公共服务体系，保证公共服务质量。从无到有，不断探索，创新发展，产城共荣发展，两江新区实现了“惊险的一跃”，为国内新区建设提供了产城融合发展的经验。

7.6.2　重庆两江新区产城融合的经验与借鉴

作为国务院直接批复的第三个国家级开发开放新区，重庆两江新区成立之初就被作为特色功能区，从顶层设计层面，两江新区被定位为统筹城乡综合配套改革试验的先行区；从交通区位层面，两江新区被定位为内陆重要的先进制造业和现代服务业孵化基地；从创新服务业层面，两江新区被定位为长江上游地区的“两个中心”（“金融中心”和“创新中心”）。同时，两江新区以其特殊的区位优势，成为内陆地区对外开放的示范窗口、科学发展的重要门户。在国家战略的指导下，两江新区因地制宜构建产业体系，吸引高品质产业入驻以带动城区生活服务设施的高水平建设，继而辐射周边乡镇联动发展，上下游配套产业链同步进区，提供就业岗位吸引周边居民定居，城区周边乡镇的产业相关群体整体素质得到提升。此外，利用人才集聚的红利进行产业转型升级。带动周边落后区域参与城乡一体化发展，让两江新区内新入住居民享受和城市居民一样的生活配套设施、社会生产保障和公共基础服务，全区生产生活方式逐步城市化。综上所述，两江新区的特色产城融合路径可归纳为五步走，逐步有序地推进，实现两江新区的产城融合。

（1）作好顶层设计，全面规划统筹

在全球经济一体化的进程中，世界各国在各个领域，争先获取资源、科技和信息流动等方面的比较优势，全面提升资源配置效率，力争参与全球分工体系。我国在全球产业链的竞争中，充分依托自身优质资源禀赋，授权政策扶持的国家新型开发区积极参与全球竞争，是提升我国经济发展的必由之路。重庆两江新区作为我国内陆地区首个国家级新区，从成立初期就奉行产业引进与城市发展同步、贯彻城区基础建设与产业自身发展并重的积极型“产城融合”理念，以“精筑城区—广聚人才—强化功能—兴建产业”为线索，探索推进人居、城市、产业、生态等功能的融合衔接，统筹考虑设施、人口、产业等的联动，在两江新区的开发规划中预先设定未来城市发展的需求和趋势，预留用地作为完善城市功能的候补区域，使新区的产城融合建设在各个节点有章可循。也就是说，在新区发展伊始，必须规划先行，全面系统地设计新区的功能形态，预留部分空间留白部分区域，从长远发展角度进行动态完善。

（2）深化改革体制机制，创新改善营商环境

将规范市场秩序，有效激发市场的主体竞争活力和社会高效创造力，改善营商环境，作为新区最核心、最持久的竞争力。为促进新区经济发展，强化开发建设管理规则，打造一流的营商环境，两江新区在减免税收、资金融通、就业用地、创业创新等方面颁布了一系列的优惠政策，有效降低了入驻企业的综合成本，为新区招商引资打牢基础并助力产业后续发展。长期以来，自主创新是重庆甚至我国西部的短板，两江新区在创业创新的平台建设中多措并举。一是以重庆科学城和两江协同创新中心为创新载体，搭建重庆综合性国家科学中心，在重庆高新区的基础上博采众长，升级优化创新平台；二是高标准限定产学研创新生态全链条；三是缩短产学研转化链条，推动重大技术创新应用转化。完善的体制机制，有利

于营造创新氛围，夯实创新对区域传统经济发展的引擎作用[①]。

（3）促进产业升级，优化功能布局

两江新区诞生之初，定位于我国内陆重要的先进制造业和现代服务业基地、内陆区域对外开放的重要门户。在政府的政策引领下，新区建设紧紧围绕其定位，划分东部片区为先进的制造业孵化基地，打造南部片区为重要的水运枢纽，进行对外开放贸易并不断建设完善。按照构建现代化产业体系的总体规划，两江新区同时以低碳经济和自主创新为抓手，壮大发展现有的优势产业，布局规划电力装备、新能源汽车、国防军工、电子信息等五大战略性产业的国家级研发总部，同时依据各板块主要经济经营活动划分十大功能分区。从产城融合的视角看，城镇功能支撑着地方产业发展。城区内产业结构调整优化，形成不同的功能分区，又进一步加速了周边城区功能的匹配和提升。重庆两江新区的动态产业结构持续优化，实现了生产集聚发展与人口聚居生活、产业分区功能与基础设施布局的良性互动。[②]

（4）重视人才引进，完善培养梯度，保障人力资源储备

根据园区发展所需，制定各类人才引进原则和培养规划，谋求以人为本的发展，创立平等、自由、竞争、择优的选人用人机制，完善科技类人才和创新型人才薪酬考核制度，形成全区敬才爱才的良好氛围，最大限度地利用人才的主动优势。创新产学研生态链条，引进重资本、高技术的科研院所，打造人才集聚特区。加快对农民的培训力度，鼓励农民和外来人员在新区安居、就业和创业。

（5）绿色发展助力，营造“森林两江”

两江新区自创设以来贯彻生态先行、绿色发展的理念，坚持走集约

---

① 易小光 . 在推进新时代西部大开发中发挥支撑作用 [N]. 重庆日报，2019.8.27.

② 陈静，吴凤敏，胡艳，郑稚棚，钱进 . 重庆两江新区城市扩展特征及其驱动力分析 [J]. 测绘与空间地理信息，2019，42（8）.

型的发展道路。加强资源节约和环境保护，在促进经济发展的同时把区内自然生态环境优化放在首位，全方位建设经济领先、生态领先的山水园林式经济新区，持续推进开发区绿化建设，优化城市游憩环境，赋予开发区公园文化内涵和配套服务功能，描绘“家在林中”的产城融合美好画卷。

（6）智能城市管理，创造高品质生活

近年来，借助云计算、物联网、大数据等高新技术发展红利，两江新区城市管理手段更加现代化，便利居民生活，提升了新区的管理效能。两江新区已初步建成信息化城市管理系统：数字化城管系统、路灯及景观灯饰智能控制系统、城市下排危险源及道路积水点监测系统、高速预检超限检测系统、桥梁及隧道动态检测系统等市政公共设施的数字化监控系统，并率先在全国建成了城市执法信息管理系统。实现了执法过程规范化、执法文书标准化、处罚依据公开化。2019 年，两江新区深入贯彻以“互联网 +”为引领的创新驱动行动战略，高效推进“双创”示范区建设，共享智能成果，共建智慧两江。

7.7 本章小结

本章遴选了东部地区产城融合的典型范例苏州工业园区和西安高新技术开发区、西安浐灞生态区、成都天府新区、重庆经济技术开发区和两江新区等一些在西部地区具有代表性的新区，通过梳理它们在不同城镇化理论指导下产城融合的发展水平及特征，分析其产城融合水平及实践中的经验和教训，可以发现注重顶层设计、人力资本培育、协调产城关系、深化体制机制改革和营造良好的营商环境等措施是各个开发区能够成功推进的共同经验。

第八章

西部地区新区（城）产城融合的逻辑与政策选择

本章在前文分析产城融合相关理论，产城融合的驱动因素及主要发展模式，设计测度西北地区新区（城）的指标体系，实证分析西部地区主要城市产城融合耦合度水平及关键作用因素，借鉴和分析国内外产城融合的经验与教训，归纳与总结西部地区典型新区的基础上，提出西部地区新区（城）产城融合发展的理论逻辑及实现机制，并就产城融合过程中存在的政策风险进行总结，提出未来西部地区新区（城）产城融合发展的方向与政策建议。

8.1 西部地区新区（城）产城融合的理论逻辑

图 8-1 为产城融合发展路径的理论逻辑，经过前面几章的分析和总结，笔者发现，西部地区新区（城）产城融合可以分为五个层面来进行。

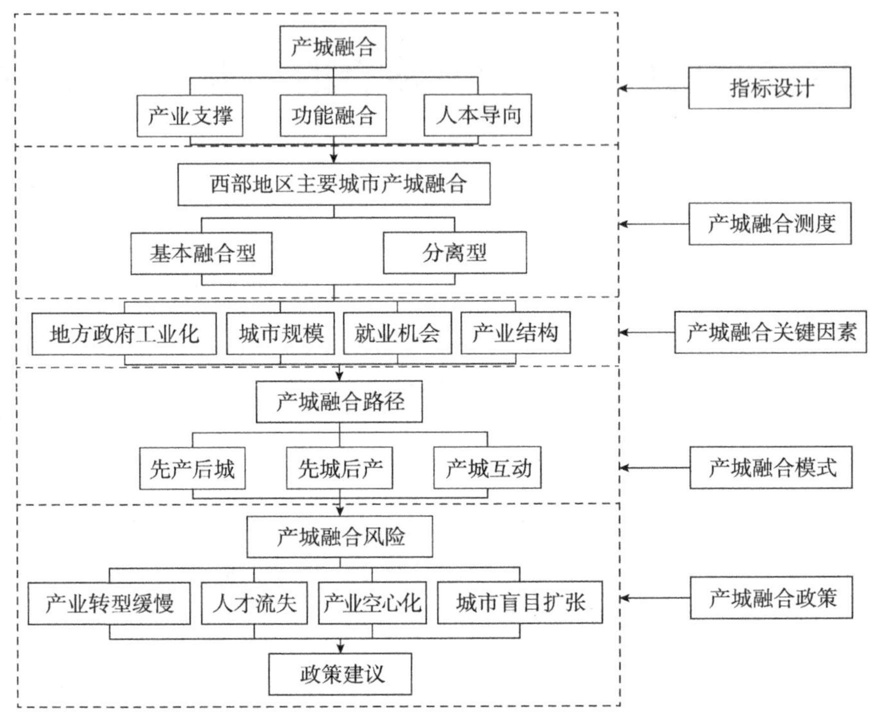

图 8-1　西部地区新区（城）产城融合发展路径的理论逻辑

8.2　西部地区新区（城）产城融合的实践逻辑

西部地区新区（城）产城融合的实践逻辑可以归纳为“实现理念—展开维度—关键因素—融合路径—政策风险规避”。

实现理念——人本主义与城市发展的高度融合。

展开维度——人本主义、产业发展与功能融合三位体系。

关键因素——地方政府的城镇化路径偏好、产业结构、就业密度和城市规模。依据西部地区主要城市与新区的产城融合发展生命周期理论框架，将产城融合分为高度分离型、轻度分离型、基本耦合型、中度耦合型和高度耦合型，每个类型有不同的促进因素，根据类型划分采取相应的对策。

融合路径——将西部地区主要城市和新区（城）分为耦合型、轻度分离型、高度分离型三类。基本耦合型城市，如重庆市，宜采取“产城互助”发展路径；轻度分离型城市，如成都、西安、呼和浩特、贵阳等城市，宜采取“产业优先—先产后城—产城融合”发展路径；高度分离型城市，如昆明、南宁、兰州、乌鲁木齐、西宁和银川等，宜采取“边缘融合—功能融合—产城融合”的发展路径。

政策风险规避——在西部地区主要城市和新区（城）建设过程中，要注意产业转型缓慢、过度城市化、人才流失和产业空心化等政策风险。

8.3 西部地区新区（城）产城融合中的政策风险

8.3.1 地方的城市化政策偏离与城市盲目扩张

西部地区新区（城）建设过程中，地方政府的城市化偏好对产城融合有积极的推进作用。从前文对西部 11 个主要城市的产城融合水平的测度及代表性开发区的案例分析，可以看出其产城融合的水平较低，从城市规模来看，重庆、成都、西安三个国家中心城市人口都超过了千万，城市建成区面积也不断扩张。以西安为例，自 2017 年的“抢人大战”，西安市增加了近百万户籍人口，人口在 2019 年达到千万级别，与此同时，西安市的房价也快速上涨，成为国内房价上涨最快的城市之一。但是，西安市的基础教育、医疗水平、固定资产投资等领域发展滞后，人本导向不明显，产业与城市的融合较慢，出现了一定的政策风险。

8.3.2 城市产业转型缓慢与产业空心化

产业是城市发展的核心。西部地区主要城市自首批高新技术开发区开始设立，经过约30年的发展，初步形成了各自的产业基础，如重庆在电子信息、装备制造、新材料等方面形成了有竞争优势的产业，成都在汽车、工程机械、食品饮料、信息技术、装备制造、生物等领域形成了雄厚的产业基础，贵阳在装备制造和大数据等方面也发展迅速。但是，西部地区其他城市的产业转型较慢，有的城市甚至出现产业空心化的现象。西部地区欠发达城市在新区建设过程中，面临着产业转型较慢的局面，例如，西宁的特色资源开发、有色金属冶炼仍然是主要产业，银川的能源开发、新材料、羊绒及亚麻纺织业仍是主业。一些城市面临着新兴产业转移到东部发达地区的现象，例如兰州的先进制造业、电子信息和新能源等产业面临着流失的可能。因此，西部地区应因地制宜、结合资源禀赋优势，发展特色产业，避免城市过度扩张导致产业与城市发展不匹配，进而出现政策风险。

8.3.3 城市扩张与人才流失

“以人为本”是新型城镇化的主要理念，产城融合是“人”“产业”和“城市功能”三者的融合。产城融合的宗旨就是实现产业发展和城市功能的融合，更好地为人服务。吸引人才、培育人才和留住人才是城市的首要目标。然而，西部地区面临着较为严重的人才流失，以兰州为例，兰州大学的高级人才流失最为明显，甚至有人戏称，兰州大学流失的大学教授足以组建一所新的兰州大学，而兰州大学的优秀毕业生也很少留在兰州工作。其他西部城市也面临着同样的情况。

因此，西部地区在总体设计和城市规划时，要处理好城市规模与人才及人口之间的关系，在城市建设的过程中，将“以人为本”作为首要目标，避免人才流失给产业发展和城市建设带来的风险。

8.4　西部地区新区（城）产城融合中的政策选择

8.4.1　树立产城融合发展理念，打造优良营商环境

切实改变传统开发区建设中强调先生产后生活、先产业再城市、先经济发展再社会建设、先区内后区外的发展理念，从全局角度更科学地看待并处理好新区（城）建设中生产与生活的关系、经济发展与城市生活的关系、经济发展与生态环境的关系、城市发展与乡村发展的关系，才能形成产业发展与城市建设协调并进的工作思路、工作方法与工作机制。

新时代，中国经济发展进入新阶段，新区（城）作为改革试验区，在由“数量速度”向“质量内容”转变的道路上起着先试先行、示范引领的作用。优良的营商环境不仅是提高经济发展质量、促进生产力发展的关键，也是新区（城）内各类市场主体健康发展的重要保障。一方面，优质的营商环境有利于资金、技术、人才等各类关键发展要素向新区聚集，促进新区（城）形成综合竞争新优势；另一方面，优良的营商环境可降低企业的准入门槛，有效减小企业的经营成本压力，带动资本活跃起来，促进科技创新等，有利于激发新区（城）市场主体的创新创业活力，不断形成经济发展的内生动力。

8.4.2　合理规划、统一协调与科学开发

产城融合的关键在于产业布局与各功能区布局的科学性，而布局是否科学合理往往取决于发展规划的完善与否。为此，新区（城）必须对以往的产业规划布局工作进行总结与反思，综合评估自身所处的发展阶段，明确自身的发展定位。在此基础上，根据产城融合的要求，整合、完善和优化各类规划，形成科学统一的规划体系，做到规划、布局、建设、管理相

互统一，促进产业化与城市化协调发展。一方面，要注重做好产业规划与其他规划的有效衔接。产业发展与城市发展的融合强调的是两者的相互促进和渗透，在产业规划制定之时首先就要考虑两者规划是否能够衔接统筹。然而现实中确实存在部分产业园区游离于城市规划区，与城市总体规划相分离；或者尽管产业园区布局与城市布局规划相统一，但在用地指标、设施配套和功能安排等方面难以与城市规划衔接等问题。鉴于此，新区（城）产业布局规划的制定必须跳出就产业论产业的局限，要把产业布局规划纳入城市发展规划，增强产业规划与城市规划、土地规划和园区规划等多种规划的衔接性，并保证上述各规划的实施。另一方面，要增强产业区与各功能区的科学性、合理性与协调性，将高新区作为城市副城、新城纳入城市总体规划体系。产城融合追求的是产业、城市与生态的一体化发展，其所折射出的是经济与社会、产业与城市、企业与环境、现状与未来等多方面、多层次的关系，应当用法定的城市规划体系加以落地实施。

西部地区新区（城）建设过程中，统筹区域协调发展，合理科学规划城市发展，应以产城融合作为主要设计理念和目标。首先，新区（城）规划要立足自身优势。西部不同的省（区、市）有不同的区域特征，其产业布局和经济发展有所差异，新区（城）规划与开发要结合区域特征，充分利用自身优势来安排创新活动。西部多数地区相对落后，借鉴新结构主义经济学理论，要充分发挥后发优势。其次，各城市内部更要合理分工，避免重复建设和产业同质化现象。以陕西西安市为例，产业规划重合度高，低水平重复建设较严重。据调查，2017 年以来西安 21 个经济管理区域共提出的 117 个重点产业（含重复），可归纳梳理为 45 个。从产业名称出现频率看，部分经济管理区域之间产业规划重合度较高，其中，文化旅游产业出现次数最多，达 14 次；紧随其后的是物流产业，出现 9 次；金融、先进制造等产业重合度也较高。产业定位精准度低，各开发区之间的竞争较为激烈。

8.4.3 构建人本导向为主的人才体系，打造“五宜”城市

区域经济的发展离不开人的发展，良好的生活配套设施和优越的人才吸引政策能够给一个区域带来丰厚的人力资本回报。新区（城）的发展同样依赖于高新技术人才的创造，依赖于人力资本集聚带来的经济效应。随着城乡一体化进程的推进，新区（城）的社区管理面对的不仅仅是原有的社区居民，还有企业员工、外来务工人员，在人口规模不断扩大和高新区快速发展的背景下，社区的服务管理内容也将呈现出多层性、多样化的趋势。2004 年以来部分沿海发达城市“民工荒”愈演愈烈，“刘易斯拐点”是否真正到来成为各界讨论的焦点，由于城镇劳动部门存在明显的技能偏向型用工需求，农民工需求和供给存在较大缺口，从而出现农民工短缺和工资大幅度上涨的所谓“刘易斯拐点”现象。这就要求社区必须转变管理理念、完善管理职能、创新管理模式，促进社区服务社会化，实现社区服务、志愿服务与市场化服务等多种方式相结合，加强对社会公共服务中介机构的培养和引进，做到有偿服务、低偿服务和无偿服务相互促进、相互补充，拓展社区整体服务功能并增强其可持续发展能力。

西部地区要树立“以人为本”的导向，形成“尊重劳动、尊重知识、尊重人才”的理念，注重城市的功能匹配，构建“宜居、宜业、宜学、宜养、宜游”的“五宜”城市。首先，西部地区新区（城）要进一步强化人才聚集，人才是新区（城）发展的智力因素和核心要素，积极吸引较高知识水平、学历层次，具有专业技能和丰富管理经验及优秀创新能力的人才加入。很多开发区组建了博士后工作站，如西安高新区、西安浐灞生态区、成都经济开发区等，积极引进与区域经济和产业结构相关的博士人才。其次，着力提升人才的素质水平，营造新区的文化环境。从新区政府和区内企业两个维度，重视对员工的教育和培训，提升其学历层次，加

强和当地高校合作，建立开发区—入区企业—高校的人才培养和需求供应链。积极推进“大众创新、万众创业”，鼓励创新创业，更要重点培养一大批具有国际视野和世界影响力的创新专家、科技大师。最后，做好人才的保障工作，在教育、医疗等方面，提升服务水平，打造“五宜”城市。

8.4.4　合理确定城市边界，不以城市规模论英雄

西部地区主要城市的规模和新区的产业结构不同，既有人口规模千万级以上的国家中心城市重庆、成都和西安，也有人口不足300万的中等城市，合理确定城市的边界尤为重要。不能以城市规模论英雄，一个城市发展如何的鉴别标准并不是它的城区有多大、人口有多少，而应看其是否有利于城乡一体的真正实现，是否有利于城乡两个领域发展潜力的充分发挥，是否有利于城乡人民幸福指数的共同提高。

8.4.5　推进产业结构升级，发展新经济和现代服务业

城市发展水平的提高离不开产业结构的优化，一个城市要形成错位发展、突显特色就必须形成优势特色主导产业。构建现代产业体系和产业集群，以产业优化提高新区（城）发展的内生力和对城市的带动力。要积极引导产业结构向两端延伸——前端的研发设计和后端的品牌培育，加快经济服务化步伐，推动先进制造业与现代服务业互动并进。新区（城）作为城市的重要功能区、创新型新城或者现代科技新城，必须牢牢把握好产城融合的理念，坚持以产兴城、以城促产，产城互动、一体推进，以集群发展、产业集聚带动城镇发展。优势特色主导产业是高新区竞争力得以增强的一个重要方面，也体现着城市发展特征、代表着城市形象。要在培育和发展优势特色主导产业的基础上注重整合和延伸产业链，发展和壮大产业集群。

产业支撑是实现产城融合的关键因素，产业关系着城市规模与人口，良好的就业机会和产业基础是实现产城融合的基础。我们实证的经验证据证明了良好的产业结构，尤其是合理的第三产业 / 第二产业比率是城市发展的产业基础，因地制宜地发挥各省（区、市）及新区的产业优势，通过合理规划、重点推进具有增长潜力的有后发优势的新经济和现代服务业，创造好的就业机会，是实现人本主义和产城融合的基础。

现代服务业是城市发达程度和活力的象征，发展以金融、现代商贸等为主的现代服务业符合西部地区国家中心城市和区域中心城市的发展定位和未来方向。重庆、成都、西安等城市都在着力打造金融中心，更好地服务实体经济和城市发展。

新经济是现代经济发展的方向，也是未来经济增长的动力，西部地区各省（区、市）及开发区着力落实国家经济发展布局，依据区域经济基础，发展以 5G 为代表的“新基建”产业，包括新能源、新材料，现代制造业、人工智能大数据等新兴产业，如贵阳的大数据中心已为贵州经济注入新活力。

8.4.6　注重绿色发展，实现环境与产业的协调

绿水青山就是金山银山。随着经济的发展，西部地区各省（区、市）日益重视环境保护和绿色发展，各省（区、市）也涌现出以“绿色发展”为基础的生态开发区，如西安的浐灞生态区等。

西部地区在保护环境的同时，要注意发展产业，实现环境与产业的协调。在经济发展水平相对落后的城市和开发区，房地产业是开发区发展初期的主要产业，但不少开发区以发展高新技术为借口，行发展房地产业之实。过分强调短期收益，而忽视对支柱产业的培育，会使开发区发展缺乏长期性和可持续性。

8.5 本章小结

综上所述，西部地区产城融合的实现机制是以“人本主义”和“绿色发展”为核心理念的，注重地方政府偏好、就业水平、合理的城市规模和现代服务业水平在产城融合中的重要作用，不同产城融合水平的城市及新区采取不同的发展模式，并注重规避产业与城市协调发展过程中的政策风险，重视人才、注重环境、因地制宜发展优势产业。

第九章

结论与展望

9.1 研究结论

本课题以西部地区主要城市和典型的新区（城）为研究样本，在系统梳理国内外城镇化理论与前沿文献的基础上，比较分析了城镇化的发展路径，设计出符合西部地区特点的产城融合指标体系，测度了西部地区主要城市产城融合度并分析了影响产城融合发展的关键因素，比较分析了西部地区典型新区（城）的发展特点并总结了经验教训，提出了西部地区新区（城）建设中产城融合的实现机制与相关的政策建议。具体来说，得出如下结论。

（1）产城融合理论是中国第三代开发区的重要指导理论。中国自20世纪80—90年代开始设立开发区，共经历了三代开发区，不同阶段衍生出不同的城镇化发展理论。第一代高新技术开发区，以Krugman和Fujita为代表的“中心—外围”理论指导着中国高新技术开发区的发展，该理论认为交通成本是开发区产业分工和发展的重要因素；随着交通运输业的发展，以产业集聚为核心的城镇化发展理论指导着中国第二代开发区的发展，某一类产业聚集在一个地理空间的现象在各地涌现，也出现了一大批以产业为基础的经济开发区；随着人们生活水平的提高，城市的发展更加关注生态环境和人本导向，产城融合理论成为中国第三代生态开发区的指导理论，各地同样出现了以绿色为主题的生态区，与此同时，中国的第一代开发区在产业高度发展的基础上更加关注人本主义和生态环境，不断推进开发区高质量发展。

（2）系统比较分析了“产业—城市”的不同发展模式，“产业发展—人本导向—产城融合”模式是最优发展模式。对英、法、德、美等工业化国家的城镇化演进过程进行比较研究，认为这些国家的百年城镇化演进中大多发生了三次可称为革命的变化。依次为向“城市病”宣战、“农村转变城市”兴起、“区域网络型”城镇化模式形成。通过研究这些国家新区（城）建设，可以总结出四个明显的阶段性特征。总的来说，城镇化的大趋势就是由限制大都市区域发展转向促进区域平衡发展，由城乡对立转向城乡一体。在这一演变过程中，产业协同、融合发展起着主导作用。

（3）设计了符合西部地区新区特点的产城融合指标体系，西部地区新区的产城融合发展应重点包括“产业发展、人本导向和功能融合”。

（4）通过熵值法测度西部地区主要城市产城融合耦合度，发现西部地区城市的产城融合度较低，但处于曲线上升阶段。具体来看，重庆、成都、呼和浩特、西安、贵阳等城市为融合型，其中，重庆市达到轻度融合水平；昆明、西宁、南宁、兰州、银川和乌鲁木齐等城市为分离型。

（5）政府城镇化路径偏好、就业水平、城市规模和产业结构是影响西部地区产城融合发展水平的关键因素。通过计量回归分析发现，在西部地区，政府的城镇化路径偏好、就业水平、城市规模与产业结构与产城融合水平有显著的正向相关关系。进一步地，将西部地区，主要城市分为融合型和分离型两个子样本回归分析，研究发现，无论是融合型城市还是分离型城市，地方政府城镇化路径偏向、就业密度、城市规模和产业结构对产城融合度有显著的正向促进作用；城市工业产值密度、资本密度、对外开放水平、地方财政支出偏好 4 个变量在融合型城市与分离型城市中表现出截然相反的结论，它们对融合型城市是非显著的负向关系，而在分离型城市中则是非显著的正向关系，可见，在城市发展到一定阶段，工业化水平、规模以上工业企业固定资产投资及吸引外商直接投资等在不同阶段的产城融合中发挥的作用不同；城市人均道路、信息化水平、城市教育水平和城市医疗水平 4 个因素在融合型城市和分离型城市中也表现出截然相反的作用，它们对融合型城市的产城融合起着正向作用，而在分离型城市中则表现为负向作用。

（6）西部地区新区产城融合的实现机制可以归纳为“实现理念—展开维度—关键因素—融合路径—政策风险规避”，结合西部地区新区（城）产城融合的生命周期理论框架，将西部地区主要城市和新区（城）分为三类：基本耦合型、轻度分离型、高度分离型。基本耦合型城市，例如重庆市，宜采取“产城互助”发展路径；轻度分离型城市，例如成都、西安、呼和浩特、贵阳等城市，宜采取“产业优先—先产后城—产城融合”发展路径；高度分离型城市，例如昆明、南宁、兰州、乌鲁木齐、西宁和银川等，宜采取“边缘融合—功能融合—产城融合”的发展路径。

9.2　不足与展望

尽管本课题对西部地区新区（城）产城融合发展的理论基础、相关文献、发展模式、测度指标体系等进行了系统深入的研究，但仍然有如下不足之处。

本课题对西部地区地级城市及其开发区的研究不足。由于西部地区地级市、县级市及开发区发展水平普遍较低，产业发展水平较低、城市化盲目发展严重，如内蒙古鄂尔多斯市出现了所谓的“鬼城”。由于样本收集和研究资料的可得性，对县市级城市目前所处的产城融合阶段，本课题暂时不深入研究，可以作为后期研究的内容。

缺乏对发达国家成熟开发区和国内东部开发区深入的比较研究。本课题对发达国家的城市病进行了专门研究，对苏州工业园区的发展进行了归纳和分析。国外发达城市的成熟开发区的产城融合模式及国内发达省市的开发区发展模式进行系统梳理与比较，可以作为未来深入研究的又一内容。

可进一步从西部地区城市和新区（城）的微观层面进行研究，从产业结构和空间布局双重维度来研究如何服务于西部地区新区（城）发展中的“人本主义”，如何在产业结构重构的基础上，发挥西部地区主要城市对周边区域的辐射作用；以及如何在要素结构的异质性基础上，在西部中小城市因地制宜地推进“产城融合”战略。

后　记

本书是在国家社科基金和中国延安干部学院“人才强院”专项基金的资助下，我和王柏杰副教授带领课题研究团队经过3年多的潜心研究取得的成果。借此机会，感谢课题团队成员常俊鹏博士，硕士生杨姗、党琼、罗亚、黄思龙、鲁鉴威在课题讨论、文献梳理、数据处理和建模方面所作出的重要贡献。

本书从理论上和实践上系统探究了西部地区新区（城）建设产城融合的理论模式和实现路径。在理论逻辑上进行了如下创新：第一，较为科学地界定了产城融合的内涵。产城融合的本质是实现产业与城市的融合发展，人是城市中最重要的因素，产城融合的内涵包括产业支撑、人本导向和功能融合三个核心内容。第二，较为准确地评估了西部主要城市的产城融合水平。西部主要城市总体融合水平不高，未来有很大发展空间。第三，分析总结出影响产城融合的关键因素。地方政府工业化偏好、城市规模、就业机会和产业结构是四个最为关键的因素。第四，提出实现产城融合的可行路径——先产后城、先城后产和产城互动，其中产城互动的路径为西部地区新区（城）建设和发展指明了道路。第五，厘清了产城融合的潜在风险。产业支撑的风险表现为产业转型缓慢和产业空心化，人才导向的风险是人才流失和人口缓慢增长。上述重要发现丰富了产城融合理论和实践，对推动西部地区城市建设和发展有一定的指导作用。

产城融合是区域和城市发展的新趋势，这一课题仍然有很多拓展的空间。第一，以人为本和以人民为中心的发展思想赋予城市发展新的内涵，如何将产业发展、人本导向和功能融合是未来的新课题和新挑战。第二，大城市的转型发展离不开新产业的培育和发展。产城融合是促进区域协调发展，深入实施区域协调发展战略、区域重大战略、主体功能区战略的重要途径。第三，产城融合是实现高质量发展的有效途径。实现产业与城市的融合发展是全面贯彻新发展理念，加快建设现代化经济体系，着力推进城乡融合和区域协调发展的有效路径。

由于研究样本的局限和精力的不足，本书对西部地区主要城市的新区（城）建设进行了充分讨论和深入研究，对西部地区地级市乃至县域经济的产城融合研究不足。西部地区很多地级市和县级城市人口负增长现象比较严重，地级市的人口向大城市聚集。这些新的现象提供了新的研究场景。

本书可供广大学术同行、高年级本科生和研究生参考，也可为各级政府决策者提供参考和借鉴。由于作者的学术水平、理论深度和研究能力有限，本书中疏漏、欠缺之处在所难免，敬请读者批评指正。

何　磊

2022 年 10 月 20 日于延安枣园